Mujeres
PODEROSAS

Dirección editorial: Marcela Aguilar
Edición: Gonzalo Marín y Thania Aguilar
Coordinación de diseño: Marianela Acuña
Diseño: Cristina Carmona y Perla Carrizales

© 2020 Adriana Ortíz Barraza
© 2021 VR Editoras, S. A. de C. V.
www.vreditoras.com

México: Dakota 274, colonia Nápoles
C. P. 03810, alcaldía Benito Juárez, Ciudad de México
Tel.: 5220—6620 • 800—543—4995
e-mail: editoras@vreditoras.com.mx

Argentina: Florida 833, piso 2, oficina 203,
(C1005AAQ), Buenos Aires
Tel.: (54-11) 5352-9444
e-mail: editorial@vreditoras.com

Primera edición: febrero 2021

ISBN: 978-607-8712-61-8

Impreso en México en Litográfica Ingramex, S. A. de C. V.
Centeno No. 195, Col. Valle del Sur, C. P. 09819
Alcaldía Iztapalapa, Ciudad de México.

ADRIANA ORTÍZ BARRAZA

Mujeres

PODEROSAS

ADUÉÑATE DE TU CUERPO, DE TU MENTE Y DE TUS DESEOS

EDITORAS

ÍNDICE

INTRODUCCIÓN

Ser mujer no es sencillo. Sobre todo porque desde pequeñas aprendemos a seguir patrones de conducta que a veces nos limitan para alcanzar nuestras metas y desarrollar todo nuestro potencial. Y así el camino hacia el éxito se torna complicado, nos llena de dudas y frustraciones.

Este libro espera ser un reflejo de las experiencias tanto positivas como negativas que nos toca vivir en diversas áreas y etapas. Aquí encontrarás historias de niñas que nos dan ejemplos de valentía, mujeres que luchan por destacar en su profesión y ejercer liderazgo y madres que no se limitan a que su única función sea cuidar a sus hijos.

Me enfoqué en que *Mujeres poderosas* se centrara en el poder femenino y sus vicisitudes para que quien se adentre en sus capítulos conozca más de nuestro mundo. Pero también escribí este libro para que cualquier lector pueda entender un poco más sobre los hombres y lo que cada género aporta al otro.

Los ocho capítulos que lo componen son un recorrido por diversos aspectos en los que se ejerce el poder. Cada uno empieza con una historia en la que comparto algunas de mis vivencias como psicoanalista, entrenadora o simplemente como mujer, para así ejemplificar y dar la pauta del tema que se abordará en adelante.

Cabe mencionar que, por cuestiones de confidencialidad, en las historias donde se hace alusión a algún paciente su nombre es ficticio, al igual que otros datos personales, para cuidar en todo momento la verdadera identidad de las personas.

Después de la historia se realiza un análisis del tema a profundidad y, para reforzar las ideas y planteamientos, al final hallarás un apartado denominado *Construyendo tu poder*. Es donde te invito a realizar o poner en práctica los principales conceptos descritos.

Solo quiero hacerte una advertencia: al concluir la lectura del libro es probable que tu idea de ser mujer cambie o se modifique en algunos aspectos. Te conocerás, te amarás más y tendrás herramientas para construir una mejor versión de ti y convertirte en una mujer poderosa.

Espero de todo corazón que este sea un nuevo comienzo para ejercer tu propio poder, que empieces un legado y se lo traspasases a otras mujeres que se encuentran en tu vida. Contágialas y conviértete en su inspiración. Haz que cada niña, jovencita, mujer adulta o madura se sienta valiosa y empoderada.

Nos falta conciliar en más y mejores acuerdos entre los géneros para que seamos parte del cambio hacia una sociedad más justa e incluyente. Y me gustaría que *Mujeres poderosas* aportara un grano de arena en ese camino.

Tenemos que sentirnos orgullosas de quienes somos, plenas y contentas de pertenecer al maravilloso universo de aquellas que no se rinden, de las luchadoras incansables, de las que deciden sobre sí mismas y sus deseos.

¡Ven y sé una de nosotras!

"
**ESTAR EN EL MUNDO ES
NUESTRO PRIMER ACTO
DE PODER.**
"

CAPÍTULO

1

EL PODER
Y LO FEMENINO

"No deseo que las mujeres
tengan poder sobre los
hombres, sino sobre sí mismas".

Mary Wollstonecraft

HISTORIAS
DEL DIVÁN

Hace algún tiempo, una joven a la que llamaremos Juana solicitó mis servicios profesionales como psicoanalista. En cuanto llegó al consultorio cabizbaja, pude notar su dolor. Apenas conversamos y soltó en llanto.

Existía un gran vacío en su vida. No tenía ganas de nada. Acababa de terminar una relación de varios años de noviazgo debido a una infidelidad por parte de su expareja y la pérdida la había hecho pensar que la vida no valía la pena.

En una ocasión, dentro de su tratamiento, me dijo con lágrimas en los ojos: "Me gustaría ser tan fuerte como mi amiga Sara, ella siempre sabe cómo salir adelante, seguro a ella no le pasaría lo que a mí, yo soy débil y no hago más que llorar".

Sabía que mi paciente estaba sufriendo mucho. Su frustración era absoluta y no podía encontrar cómo deshacerse de ese dolor, a tal grado que incluso deseaba ser otra persona. Me quedé callada por un momento y luego le dije que no necesitaba ser como su amiga Sara, que más bien se enfocara en su propia fortaleza y que la buscaríamos juntas en su interior.

Ante las dificultades que se nos presentan en la vida, sobre todo cuando el dolor nos invade, podemos creer que ya nada tiene sentido, que no vale la pena esforzarse o que otras personas las sobrellevarían mejor que nosotros. Sin embargo, es justo en esos momentos donde tenemos la oportunidad de conocernos a fondo, de ser más fuertes y sacar lo mejor de cada uno.

Definitivamente, el proceso de mi joven paciente no fue sencillo, ya que enfrentarse a sí misma, a sus miedos, a lo desconocido, lleva tiempo y muchas veces duele. Pero siempre valdrá la pena descubrir quién eres y saber de qué estás hecho.

Con frecuencia buscamos afuera las respuestas a lo que no entendemos y esa también es nuestra lógica ante cualquier situación que enfrentamos. Entonces aparecen los: "¿Por qué a mí?" o "¿Por qué no puedo?" o "¿Por qué siempre me pasa lo mismo?" o "¿Por qué no me quiere", cuando en realidad, la respuesta a estas incógnitas las puedes encontrar en tu interior, en lo profundo de tu mente, conectándote con la persona que mejor te conoce, aquella que sabe tus temores, tus deseos, tus fortalezas, todas tus fantasías y sueños.

Esa persona eres tú y es precisamente de ti de donde surge todo tu poder.

¿QUÉ ES EL PODER?

Todos los seres humanos recibimos a lo largo de nuestro desarrollo distintos tipos de conocimientos que nos proporcionan nuestros padres, amigos, familiares, profesores o personas desconocidas. Así vamos valorando, adquiriendo habilidades y llegando a experimentar todo tipo de sensaciones: unas altamente placenteras y otras bastante desagradables. Pero todas nos proveen de enseñanzas y desde esas enseñanzas adquirimos poder.

Ganamos la primera batalla al nacer, cuando llegamos al mundo y nos aferrarnos a la vida, pues desde el vientre materno tenemos que contar con la fuerza suficiente para resistir los cambios de nuestro propio desarrollo. Solo imagínate todo lo que ya has superado en esos nueve meses de gestación. Antes del parto, pasaste de ser la unión de un óvulo y un espermatozoide ganador entre millones de ellos a una pequeña célula implantada en el útero.

Aproximadamente el 70% de los embriones no llega a nacer. Incluso antes de que la madre se entere de ello, el

Las respuestas las puedes encontrar en tu interior.

embrión tiene que estar saludable para que se pueda desarrollar. Entonces vamos creciendo en tamaño, nos aclimatamos a nuevas funciones dentro de ese pequeño cuerpo en formación, adquirimos la fuerza suficiente para hacerle frente a lo desconocido, adaptarnos a ello y, entonces, nacer.

Es por esta razón que estar en el mundo es nuestro primer acto de poder, pues tuvimos que usar nuestra facultad y potencia para sobrevivir a esos primeros embates. Y esto fue porque tuvimos la capacidad necesaria para superar los distintos procesos biológicos que se nos presentaron, a pesar de nuestra pequeñez y absoluta inexperiencia.

En este punto me gustaría detenerme a reflexionar respecto a las personas con algún tipo de discapacidad, problemas orgánicos, o bien, quienes pudieron haber nacido con alguna enfermedad congénita. El poder también es parte de ellos, ya que con la complejidad de su situación pueden construir cosas impresionantes y ser grandes ejemplos para el mundo. Hay quienes nadan sin brazos, corren sin piernas, leen sin ver o escriben sin dedos. Eso es romper

La palabra poder significa "ser capaz"o "ser posible".

las barreras de lo imposible y, en definitiva, es una manifestación magnífica de poder.

Como concepto, el poder puede ser abordado desde diferentes ámbitos. Desde lo social, lo filosófico, lo psicológico o incluso lo cultural. Y cada uno nos aporta aspectos relevantes, ya que como humanidad estamos vinculados a dichos ámbitos que repercuten en nuestras elecciones y en cómo decidimos actuar.

La palabra *poder* proviene del latín *posere,* que significa "ser capaz" o "ser posible", por lo que su definición se relaciona con la capacidad que tiene una persona para realizar determinada labor, lo cual implica acrecentar habilidades intelectuales, físicas y emocionales.

En la historia de Juana podemos observar claramente como ella consideraba que no tenía las herramientas suficientes para salir de su tristeza y frustración. Se sentía poco capaz o, dicho de otra forma, sin poder. En su caso, fue a través del proceso psicológico que pudo encontrar los instrumentos necesarios para irse fortaleciendo. Y poco a poco el trabajo en terapia contribuyó a que lograra sentirse poderosa y capaz.

He tenido la oportunidad de conocer diversas experiencias que me dieron una visión de lo que es el poder, particularmente aquel asociado con lo femenino. Por ejemplo, en el deporte. Mientras trabajaba con niñas y jóvenes y ejercía como profesora de educación física, jugadora y entrenadora de básquetbol, el poder estaba relacionado con potencializar el dominio del cuerpo, competir y ganar.

Más adelante, al concluir mis estudios en Psicología, pude aprender acerca del funcionamiento de la mente humana, por lo que comencé a abordar la psicología del deporte con diversos equipos y atletas, entre los que destacaban gimnastas rítmicas, basquetbolistas, patinadoras y corredoras. El poder ahora estaba relacionado con el control mental y el buen manejo emocional para tomar decisiones asertivas.

Después, cuando comencé a formarme como psicoanalista y dediqué la mayor parte de mi tiempo a la psicoterapia individual y de pareja, encontré otras manifestaciones de la complejidad humana: el psiquismo, los conflictos existenciales, el dolor, los deseos inconscientes, la conciencia y un sinfín de principios psicológicos y psicoanalíticos que implica el descubrimiento de uno mismo.

Escuchaba a diario historias de mujeres tendidas en el diván explorando los conflictos que las aquejaban, cada una descubriendo sus deseos para alcanzar sus metas. Aquí el poder estaba centrado en la salud mental y en ser más conscientes de sus realidades, generando elementos que les permitieran resolver cualquier conflicto de la mejor manera.

Todas estas experiencias me han llevado a considerar que el poder se encuentra interrelacionado con dos aspectos fundamentales: la influencia y la trascendencia.

Algunas personas pueden ejercer su poder en un aspecto más que en otro, dependiendo de sus intereses, habilidades o hasta de sus necesidades. Habrá quienes lleguen a experimentar ambos aspectos y otros que, habiéndolos experimentado, los desconocían o no vivieron lo suficiente para ver sus alcances.

LA INFLUENCIA, UNA CAPACIDAD QUE VIENE DEL PASADO

La influencia tiene que ver, por una parte, con reconocer y analizar todo lo que nos ha marcado a lo largo de la vida.

El poder se encuentra relacionado con la influencia y trascendencia.

Quizá alguna persona nos dio una enseñanza que sigue vigente para nosotros, ya sea de forma positiva o negativa, y esto es a lo que apela la influencia. Es una forma de poder, ya que se trata de un cambio o un acto producido en una persona por intervención de otra. También se refiere a lo transgeneracional, es decir, a lo que nuestros padres, abuelos, bisabuelos y todo nuestro árbol genealógico ha aportado en nuestra línea de tiempo, ya que todo ello actúa en nosotros de una u otra manera.

A veces, aunque no hayamos conocido a algún integrante de la familia, como los bisabuelos o los abuelos, forman parte de nuestros pensamientos, ya que los conocemos a través de las historias que nos narran otros miembros de nuestra familia.

Mi abuela Chuy, por ejemplo, una de las mujeres más importantes en mi vida, solía contarme la historia de su padre, quien murió cuando ella tenía 13 años. Lo describía con tal precisión que yo sentía que conocía en persona al mismísimo don Isauro. Era apicultor y ganadero y mi abuela me decía que era un hombre muy culto, que hasta tocaba el piano en la iglesia.

> Todo nuestro árbol genealógico actúa en nosotros.

Vivió y creció en tiempos de la Revolución Mexicana, a principios del siglo xx, donde se creía que la función de la mujer únicamente era casarse y tener hijos.

Sin embargo, él pensaba distinto. Estaba a favor de que las mujeres tuvieran educación y gracias a ese pensamiento mi abuela fue de las pocas mujeres que aprendió a leer y a escribir en su pequeño pueblo llamado Victoria, ubicado en el estado de Guanajuato.

Quizá tú también puedas recordar alguna historia que te contaron en la infancia acerca de tus antepasados, quizá también la tengas muy presente. Alguien que dejó una huella muy profunda, tan profunda que sigue viva gracias a la transmisión de su historia de una generación a otra. Precisamente esto es un ejemplo de influencia, ya que un recuerdo ha prevalecido en el espacio y el tiempo.

Así como mi bisabuelo rompió con la concepción de que solo los hombres tenían derecho a educarse, Juana, la joven con la que comencé este capítulo, pudo romper con su idea de que era débil y que solo podía llorar. Esto cambió el rumbo de su narrativa personal y, por qué no, también de quienes la rodeaban.

Por eso, si se pretende experimentar la capacidad de influencia hay que salir de nuestros cautiverios, es decir, de las ataduras o cargas que no nos dejan avanzar, como aquellos mensajes que recibimos en la infancia de que no podíamos o de que no éramos buenos en algo. Tal vez en tu familia consideraban que las mujeres solo podían casarse y tener hijos para realizarse en la vida o que debían estudiar la carrera que el padre decía porque era la tradición familiar.

En cualquier caso, y como decía Sigmund Freud, el padre del psicoanálisis: "De tus vulnerabilidades saldrán tus fortalezas". Conocer más a fondo todo lo que consideramos debilidades o fracasos nos brinda la posibilidad de hacerle frente y mejorar. También aprendemos que las cosas pueden ser y hacerse desde otra perspectiva. Esto nos ayudará a iniciar de nuevo, pero más fortalecidos y con mayor sabiduría.

LA TRASCENDENCIA, TU LEGADO

Trascender es imponernos a nuestras limitantes y ser mejor de lo que éramos antes, desarrollando destrezas que no teníamos. Pero hay que tener cuidado con este aspecto, ya que desafortunadamente también se puede dejar una huella negativa y dañar a otros.

Por lo que responsabilizarnos de nuestros actos también es trascender, ya que, lo queramos o no, estos traerán consecuencias inevitables, positivas o negativas. Pero la decisión es personal y cada uno va construyendo la marca que dejará en este mundo.

La humanidad se encuentra en constante devenir, se crea y recrea en las distintas épocas. Debido a ello, existen maneras disímiles de trascender. Mujeres y hombres nos han legado grandes aportaciones en distintos terrenos y si algo nos ha quedado claro con el transcurso de la historia es que no necesitamos ser grandes científicos o personajes célebres para aportar algo valioso al mundo.

Ahora bien, es importante que observemos las pequeñas cosas que han dado forma a lo que vivimos en la actualidad y, yéndonos de fondo al tema principal de este libro, dónde las mujeres hemos aportado o dónde hemos logrado trascender. Por eso me gustaría compartirte un poco de esa labor femenina a lo largo del tiempo, sobre todo porque a veces los esplendores de la mujer han sido poco enunciados e, incluso, desapercibidos.

"De tus vulnerabilidades saldrán tus fortalezas".

Desde la Prehistoria nuestro género asumía la labor de la recolección de semillas, frutos y vegetales, lo que provocó que la mujer se especializara en esa área y hasta se ha considerado que fueron las primeras agricultoras. Si reflexionamos al respecto, la agricultura fue uno de los pilares que llevó a los seres humanos al sedentarismo, pues así pudieron asentarse en un lugar, cultivar lo que comían y asegurar su alimentación.

Aunque hemos tenido avances en esto, por lo general a lo largo de la historia se han desconocido ciertos datos acerca de la intervención de la mujer y esta desigualdad ha generado menores oportunidades para participar en actividades de la vida pública, dirigirse de manera autónoma o vivir libres de prejuicios que obstaculizan su desarrollo. Y eso que fueron las mujeres, como buenas agriculturas, quienes contribuyeron a establecer las bases del desarrollo de profesiones u oficios como la alfarería, la química o la medicina con las curanderas o parteras.

Se han desconocido datos acerca de la intervención de la mujer.

Organizaciones e instituciones han constatado precisamente esas grandes colaboraciones y, por tanto, la trascendencia del género femenino en la historia de la humanidad.

ELIJE LA MUJER QUE QUIERES SER

Nuestra historia más reciente nos ha legado el hecho de que existen diversas formas de ser mujer y de que finalmente hemos logrado adquirir mayor autonomía para decidir sobre nosotras mismas. Esto puede sonar a una afirmación bastante retrógrada y negativa, pero lo cierto es que resulta verdaderamente asombroso reflexionar en torno a los avances que hemos adquirido en este aspecto en los últimos 100 años.

Y aunque todavía podamos encontrar ejemplos de mujeres que no pueden elegir con libertad quiénes quieren ser en la vida, estoy segura de que, con todo lo que se sigue avanzado en el tema, ese número se irá reduciendo con los años. Por eso, ahora mismo me gustaría concentrarme en las diversas formas de ser mujer. Porque cada una de nosotras se define de manera individual y es distinta a las otras. Por lo tanto, nuestro objetivo primordial ha de ser elegir el tipo de mujer en la que queremos convertirnos, sin miedos, sin prejuicios y con total autonomía.

Para poder decidir en quién te quieres convertir o qué aspiras ser, vale la pena escuchar tu voz interna. Y que puede ser "insonora", como lo ve el psicoanálisis, porque la encontramos en nuestros pensamientos o en las conversaciones que tenemos con nosotras mismas. Esta voz interna es la que está cargada de conocimiento sobre ti y que conoce tus recuerdos, tus experiencias y todas las emociones que vas acumulando a lo largo de tu vida, por lo que escucharla se convierte en un diálogo interno genuino. Este diálogo te ayudará a que encuentres tu verdad y aquello que realmente quieres para ti, porque es parte de la conciencia y es tu conexión entre el mundo interno y el externo. Lo más importante es que tu voz interna no te dejará mentir.

Pregúntate: ¿qué es lo que más te gusta hacer? ¿Qué te motiva a levantarte en las mañanas cada día? ¿Qué es eso que no podrías dejar de hacer aunque te obligaran? ¿Con qué sueñas? ¿Cómo te imaginas dentro de diez años? A partir de estas preguntas, comenzarás a descubrir las respuestas claves para entenderte mejor y conocer a esa mujer en la que quieres convertirte.

Escúchate de forma genuina y no permitas que un estereotipo te limite. De esta manera, sabrás qué es lo que realmente te gusta, apasiona o, en definitiva, qué es lo que te entrega mayor alegría. Pero sin hacer caso a las distracciones limitantes que se presentan en forma de presión social, como cuando se dice que "los hombres no lloran", prejuicio que contribuye a que no muestren sus emociones abiertamente, o bien, cuando a una mujer se le dice que "calladita se ve más bonita" y esa idea la orilla a no tener confianza para expresar sus opiniones en público.

Aquí está tu poder: en la libertad de escoger quién quieres ser, inspirando y trascendiendo. El poder nace en lo individual, pero se fortalece en lo colectivo, multiplicándose al inspirar a otros, logrando que los talentos de cada uno se complementen, derribando límites y siendo capaces de todo.

Demostraciones sobran para verificar lo anterior. Por ejemplo, mujeres inspirando a otras para defender su derecho al voto, mismo que fue ratificado por la Organización de las Naciones Unidas como derecho universal en 1948. La unión de trabajadoras que exigían mejores condiciones laborales e igualdad entre hombres y mujeres también llevó a que en 1977 la

Lo importante es que tu voz interna no te dejará mentir.

Asamblea General de esta institución estableciera el 8 de marzo como fecha para conmemorar la lucha de las mujeres por la igualdad de género.

Estos y muchos otros acontecimientos han revolucionado el mundo y su curso, produciendo cambios significativos en áreas diversas: familia, trabajo, economía, sociedad, cultura, etc.

Yendo más allá de un reconocimiento en la historia, nuestros ancestros han sido motivo de inspiración para que el mundo consiga funcionar en equilibrio, paz y amor. Y tú eres parte de ello al colaborar con tus acciones y talentos en el plano de tu elección y preferencia.

ECUACIÓN DEL PODER

Querer es poder. He escuchado esta frase en diferentes ocasiones a lo largo de mi vida, en los más diversos lugares y de un sinfín de personas distintas.

El poder nace en lo individual, pero se fortalece en lo colectivo.

Por lo que siempre me causó curiosidad, sobre todo por lo reiterativa.

Al principio, llegué a pensar que era cierta, que

si deseabas algo con todo tu ser lo podías conseguir, incluso como si fuera algo mágico: "Si quiero, entonces claro que puedo". Pero conforme fui creciendo me di cuenta de que había un elemento faltante entre el querer y el poder.

Si bien estoy de acuerdo en que el pensamiento y el deseo es el principio para que las cosas ocurran, se realicen o cambien, también estoy muy segura de que no lo es todo. Al estudiar la conducta humana, trabajando con pacientes, deportistas y alumnos de distintos niveles educativos, me percaté de que muchos individuos genuinamente querían lograr algo o dejar de hacer algo incómodo para ellos o los demás. Lo deseaban con todas sus fuerzas, pero no siempre lo conseguían.

Y al impartir clases en una escuela de ingeniería, influida por los números, intenté plasmar esta idea en una especie de fórmula matemática, donde había una incógnita por descubrir y lo único que tenía claro era que querer no era igual a poder. Por lo tanto, la operación matemática a resolver quedó así:

$$QUERER + X = PODER$$

Por ponerle un nombre la llamé *Ecuación del poder* y, buscando el componente "x", llegué a la conclusión de que la variable faltante era el saber, es decir, el conocimiento en el sentido más amplio de la palabra: de sí mismo, del otro, de las causas, de las leyes del universo, etc.

Y así, la fórmula resultante quedó conformada de la siguiente manera:

$$QUERER + SABER = PODER$$

De ahí la importancia de haber esbozado en este primer capítulo lo fundamental que es conocernos, mirar a nuestro interior, escucharnos, comprendernos, saber aquello que nos une como humanidad, aprender de los demás, entender nuestro origen y el de nuestra familia.

De esta manera, te aproximarás a una mayor toma de conciencia, tendrás mayor noción de ti y entonces, solo entonces, podrás ejercer tu poder.

Querer y saber son elementos que favorecen y fortalecen tu capacidad para lograr que las cosas sucedan y esa es mi concepción del poder, porque ahí radica nuestra fuerza.

Tener poder representa la oportunidad de hacer el bien, de construir y de dar. Así, mediante la influencia y la trascendencia, podrá ser compartido a los demás, generando un círculo positivo que nos ayude y aporte a todos.

Es fundamental conocernos mirando a nuestro interior, escucharnos y comprendernos.

CONSTRUYENDO
TU PODER

Ahora me gustaría que busques un lugar tranquilo y realices el siguiente ejercicio.

1. Piensa en las ocasiones en las que te has dicho que no puedes o que no eres capaz de hacer algo. Si te es posible, plantéatelo de forma concreta en algún hecho relevante de tu vida, por ejemplo: "No puedo decidir correctamente" o "No puedo bajar de peso" o "No soy capaz de valerme por mí mismo" o "No voy a poder concluir mi carrera universitaria" o cualquier otra que te hayas dicho. Si deseas, puedes escribirlo en una hoja de papel.

2. Ahora, reflexiona desde dónde vienen esos pensamientos y busca generar un diálogo con tu voz interior. ¿Qué es lo que te impide lograr tus objetivos? Identifica si son paradigmas que te han dicho a lo largo de tu vida, como:

"En esta casa las mujeres no estudian" o "En esta casa todos somos gordos, así que acostúmbrate a que nunca podrás ser delgado".

3. A continuación, identifica qué es lo que en realidad quieres lograr, pero que sea tu deseo y no el que otros quieran o te impongan. Este sería el primer paso en la *Ecuación del poder*. Una vez que lo tengas localizado, siguiendo la ecuación, considera qué es lo que requieres para realizarlo. Por ejemplo: si quieres independizarte y vivir solo, puedes comenzar a revisar qué es lo que se necesita. Seguramente tendrás que ahorrar, además de revisar opciones de renta diariamente. El asunto de fondo es conocer todo lo que implica tu deseo para entonces hacer un plan de acción y, en este caso, poder mudarte.

4. Para cerrar este ejercicio, examina algún momento en el que hayas obtenido un logro en tu vida. No importa si fue pequeño o grande, del pasado o el presente. Puede ser cuando aprendiste a andar en bicicleta y no sabías si lo lograrías o quizá cuando sacaste la mejor calificación entre tus compañeros pese a que

tenías un profesor complicado. Esas fueron muestras de tu poder. Esas fueron pequeñas demostraciones de que nada puede detenerte. ¡Ahora ve por las más grandes!

"

QUERER + SABER = PODER

"

CAPÍTULO

2

NIÑAS
PODEROSAS

"Empodera a una niña y
cambiarás al mundo".

Anónimo

HISTORIAS
DEL DIVÁN

Conocí a Kendra un mes de septiembre, cuando ella tenía siete años apenas cumplidos. Era una niña graciosa, de tez muy blanca y mejillas rosadas. Sus padres habían solicitado una cita conmigo, ya que la pequeña le había confesado a su mamá que una persona cercana a la familia le "tocaba partes de su cuerpo".

Estaban en shock. No podían creer lo revelado por su hija y se culpaban de no haberse dado cuenta. Su padre guardaba silencio, mientras que su madre lloraba desconsoladamente con el más profundo dolor.

Querían que se hiciera justicia y levantarían una denuncia formal. Como se hace en estos casos, Kendra tendría que dar su testimonio ante las autoridades correspondientes, contando detalles precisos y dolorosos y reviviendo escenas que muy probablemente había intentado olvidar.

Los escuché con toda mi atención y empatía. Fue un tiempo largo, o quizá no lo fue tanto, pero así lo sentí. No podía dejar de pensar en lo terrible de la situación, en el golpe tan duro para la familia, pero sobre todo en qué estaría pasando por la mente infantil de Kendra, pues el hecho marcaría su vida para siempre.

Llegó el momento de conversar con mi pequeña paciente. Le abrí la puerta del consultorio, la saludé con amabilidad y la invité a pasar. Ella decidió sentarse en uno de los sillones y quedamos de frente. Le pregunté si sabía por qué la habían traído a verme y, sin titubear, contestó: "Porque un amigo de mis papás abusó de mí y quiero prepararme para decir todo a unas personas que van a hacer que lo metan a la cárcel".

Tuve muchos pensamientos a la vez: ¿por qué tuvo una niña que vivir esto? Era tan frágil e inocente. ¿Qué tipo tan enfermo fue capaz de abusar de ella? Pero los pensamientos cesaron, a excepción de uno que perduró en mi mente: ¡qué fuerte y valiente niña!

Kendra estaba decidida a enfrentar a ese "hombre malo", como ella lo definió. Las sesiones pasaban y le gustaba jugar con acuarelas al tiempo que conversaba conmigo. Una vez hizo un dibujo en el que se esforzó especialmente y, al acabarlo, exclamó entregándome la hoja en mi mano: "Mira". "Cuéntame qué dibujaste ahora", pronuncié. El dibujo solo tenía dos colores, negro y rojo, y la figura dibujada era extraña, no tenía una forma específica. "Es el monstruo, Adriana, es feo, ¿no?", me comentó.

Las emociones me invadían siempre al estar con esta paciente. Pero me quedó claro que ese dibujo era el reflejo de su inconsciente, de lo más profundo de su mente, del dolor, de la culpa y del miedo que le producía aquel monstruo que había abusado de ella.

"Sí es muy feo, pero tú puedes vencer a ese monstruo", señalé. "¿Cómo?", preguntó y le contesté: "Existen heroínas que luchan contra los malos, como la Mujer Maravilla o las Chicas Superpoderosas. Quizá también pueda existir SuperKendra".

Tenía un nudo en la garganta, pero ella se emocionó al escuchar lo que dije y, al mismo tiempo que reía, anunció: "Ya sé, voy a dibujar a una SuperKendra".

Jugamos en esa sesión a vencer al monstruo del dibujo y ella lo venció. Pero no todas las sesiones eran así. A veces llegaba enojada, otras triste o simplemente no quería jugar ni decir nada. A pesar de todo, no se rendía.

Iban a tomar su testimonio para iniciar el proceso de demanda, pero Kendra no podía recordar desde cuándo el monstruo abusaba de ella. Su madre pensaba que solo había pasado en dos ocasiones, las únicas en las que había estado totalmente a solas con el abusador, pero todo era confuso.

Un día que tengo muy grabado en mi mente, Kendra llegó a su hora habitual de sesión. Apenas abrí la puerta, corrió gritando desde el pasillo de la sala de espera: "¡Adry, ya lo sé, ya me acordé!". Y la verdad es que no me esperaba lo que me dijo después: "Ya me acordé desde cuándo el hombre malo me hacía cosas".

Mi corazón latió fuerte, sentí ese nudo ya habitual en mi garganta cuando estaba con Kendra. Veía su cara de felicidad, sus mejillas rosadas y su sonrisa inocente. "Fue desde que cumplí cinco años, Adry, ya puedo decirlo para que lo metan a la cárcel y no le haga daño a otros niños", me confesó.

Más tarde, me dijo que quería decirle todo lo que pensaba a esa persona. Le señalé que una forma de expresar lo que sentía era escribir una carta. De inmediato buscó un espacio del consultorio donde acomodarse y empezó a escribir en una hoja en blanco. Pasaron varios minutos hasta que terminó y me dijo que quería leérlmela.

Recuerdo que en ella mencionaba lo mucho que confiaba en ese hombre, que no sabía por qué le había hecho tanto mal, pero que algún día ella iba a estar bien y feliz. Después de finalizar su carta,

Kendra me miró diciendo: "Sí pude hacerlo, Adry, le dije todo en la carta".

Me dieron ganas de llorar, pero pensé que sería muy injusto hacerlo frente a la niña, cuando ella estaba siendo tan fuerte. Era mi labor contenerla y así ayudarla a superar esa amarga experiencia.

Respiré profundo mientras me decía a mí misma: "Esta niña ha podido enfrentar algo tan duro como un abuso sexual y es mi deber proporcionarle toda mi fortaleza para que sane y deje de sufrir".

Paradójicamente, Kendra me hizo ser más fuerte, por eso siempre la recuerdo como mi pequeña niña poderosa.

LOS ESTEREOTIPOS

Princesa, frágil, tierna, color rosa, bonita o delicada son algunas de las palabras utilizadas por la mayoría para describir a una niña. Sin embargo, muchas veces no se repara en que los mensajes estereotipados que se mandan a una persona a lo largo de la vida pueden limitarla para alcanzar sus metas o sueños. Lo mismo sucede en el caso de los varones cuando los asociamos con la fuerza y el color azul o con ser campeón, galán y muchas otras más.

Ahora, me gustaría que pensaras en el momento en que ves a una mujer embarazada. Quizá una de las primeras preguntas que hagas se refiera al sexo del bebé: "¿Es niño o niña?". Imagina cuáles serían tus reacciones si te dicen que es niña. Tu tono de voz probablemente cambiará cuando te dirijas a su panza y hablarás de modo delicado, usando algunas de las palabras ya mencionadas en frases como: "Eres una princesa, qué linda". Mientras que si es niño, de inmediato podrías decir: "Eres un campeón, qué fuerte vas a ser".

Si hablamos de regalos, nos decantamos por el tono azul o el rosa, según sea el caso. Y, conforme crecen, asignamos a nuestros pequeños actividades y conductas que consideramos "adecuadas" para ellos, o bien, les asignamos roles: "Tú eres niña y haces esto, tú eres niño y haces esto otro".

Los estereotipos son aquellas ideas predeterminadas que tenemos de los demás. Son una suerte de etiquetas que les ponemos a las personas y la mayor parte del tiempo aparecen de forma inconsciente, es decir, casi sin darnos cuenta, en automático. No solo perjudican a las niñas, nos afectan a todos porque nos limitan. Además, suelen provocar sufrimiento y sentimiento de culpa en nuestros niños cuando tienen deseos distintos a los asignados por los padres, maestros y la sociedad.

Por ejemplo, hay niños a quienes les apasiona la danza y quieren ser bailarines, pero son juzgados porque bailar es una actividad asociada con un estereotipo femenino. Este fue el caso del mexicano Isaac Hernández, reconocido como el mejor bailarín de ballet del mundo en el año 2018. Otro caso es el de Lady Nascar, Danica Patrick, piloto estadounidense de automovilismo que se transformó en la primera mujer

> Los estereotipos son ideas predeterminadas.

ganadora de una competencia en la serie IndyCar, la categoría de carreras monoplazas más importante de Estados Unidos, cuando este tipo de actividad forma parte del estereotipo masculino.

Si Danica o Isaac hubieran seguido los estereotipos de género asignados para cada uno, nunca hubieran alcanzado sus sueños. Por desgracia, hay muchas otras personas que siguen creyendo que no pueden realizar ciertas actividades porque no lo hacen las mujeres o no es propio de los hombres.

En el capítulo anterior, cuando mencioné la *Ecuación del poder,* señalé que no bastaba con querer para alcanzar el poder y que el elemento faltante era el saber. Pero si seguimos aceptando estereotipos no llegaremos a conocernos a nosotros mismos, porque estaremos siguiendo una imagen simplificada que dicta lo que tenemos que hacer o lo que debemos ser. Por lo tanto, no cultivaremos nuestra capacidad de poder, es decir, la facultad de hacer lo que realmente deseamos, sin estar influidos por los estereotipos.

> Si aceptamos estereotipos no llegaremos a conocernos.

A pesar de lo negativos que puedan ser los estereotipos de género, la buena noticia es que los podemos modificar. ¿Recuerdas el momento en que mi pequeña paciente se trasformó mediante un juego en SuperKendra y logró vencer al monstruo? Este es un claro ejemplo de cuando un prejuicio se rompe. En ese momento ella ya no era la niña abusada, era la niña heroína.

CÓMO EMPODERAR A UNA NIÑA

Para formar niñas que ejerzan su poder es esencial cambiar la forma en que las percibimos, ya que para que un ser humano se empodere precisa sentirse valioso. ¿O no recuerdas algún momento de tu infancia en que recibiste un halago de forma verbal: "Eres muy buena armando rompecabezas" o "Qué rápido corres"?

Por mínimo que fuera ese reconocimiento, provocaba una sensación placentera, una gran motivación para seguir fortaleciendo la cualidad alabada. Esas frases se quedan en nuestra mente por mucho tiempo. Incluso puede que hoy tal vez sigas recordando algunas de ellas.

Para empezar a empoderar a una niña y romper las ideas estereotipadas que se tienen, resaltar sus cualidades por sobre la apariencia física es un buen inicio. Decirles frases como: "Eres muy fuerte" o "Qué inteligente" o "Campeona" o "Me encanta tu creatividad". Al mencionarlas, estamos grabando en la mente de la pequeña un mensaje muy poderoso: ella es mucho más que una princesa. Así, ser bonita o tierna no será lo único por lo que se la valorará. Existe una infinidad de cualidades que podemos reforzar en las niñas para contribuir a un buen desarrollo de su autoestima. ¿Se te ocurre alguna otra frase? ¿Cuál sería?

Un aspecto fundamental para cualquier infante es que sepa que su cuerpo le pertenece, y que nadie tiene el derecho de tocarlo o lastimarlo. A veces, por vergüenza no les enseñamos a nuestros hijos a nombrar sus partes íntimas y utilizamos nombres raros para denominar los genitales, tales como: pajarito, cosita, palomita, pipí, entre otros.

Pero lo cierto es que anatómicamente los hombres tienen pene y testículos, mientras que las mujeres tenemos vagina y pechos. Como padres, tenemos el deber de dejarles claro estos conceptos, para que las niñas y los niños sepan que dichas partes del cuerpo son privadas.

Nombrar los genitales de forma directa es una manera de que se conozcan más y ayuda a prevenir el abuso sexual, ya que comprenderán que esas partes pertenecen a su intimidad, son solo de ella o de él.

Tristemente en el caso de Kendra, como sucede en el de muchos otros niños, hubo una persona que no respetó su intimidad y que abusó de ella hasta que la niña pudo reunir la fuerza suficiente para decirlo a sus padres, frenar aquel acto tan doloroso en su vida y lograr ser una niña poderosa.

Les confieso que justo por eso decidí ponerle como nombre ficticio Kendra, porque significa "la campeona más grande" y es así como yo la veo.

Esta pequeña logró vencer los estereotipos que la señalaban como mujer frágil, obediente y callada. Y qué alegría fue oírla gritar a los cuatro vientos: "¡Sí pude hacerlo, Adry!".

Venció a su monstruo, lo enfrentó, se empoderó y de alguna manera evitó, como ella deseaba, que este individuo siguiera haciéndole daño a otros niños.

> Un aspecto fundamental para cualquier infante es que sepa que su cuerpo le pertenece.

EL PODER DEL NO

Hemos visto en este capítulo la gran influencia que tienen las palabras en nuestra vida y cómo pueden motivarnos o dañarnos. Pero la palabra más importante que necesitan aprender a decir nuestros pequeños es *no*. Parece sencillo, pues solo la conforman dos letras, pero al pronunciarla adquiere un poder inmenso si se utiliza de forma correcta.

Decir "no" va más allá de un capricho cuando alguien es terco o quiere llevar la contraria: "No me gusta la sopa" o "No quiero hacer la tarea" o "No quiero tender mi cama". El que necesitan practicar chicas y chicos es el que lleva mayúsculas, es decir, un NO rotundo, un NO grande, un NO que pueda frenar el daño al que están expuestos. Porque también les servirá en su vida adulta

Tal vez al leer esto puedas decir: "¡Caray! Yo tampoco he aprendido a decir no". Por eso, hay que comenzar a practicarlo cuando nos veamos forzados a aceptar algo que no queremos solo por el qué dirán o cuando se nos dificulte poner límites a los otros.

> Lo que necesitan aprender a decir es no.

Una niña poderosa hará valer su voz interna y sin titubeos dirá NO, entendiendo que no hay por qué complacer a todo el mundo. Una forma de trabajarlo es promover que solucione sus propios problemas y que se atreva a dar su opinión en distintos escenarios, como en la escuela, en casa o con sus amigos. De este modo, irá dando pequeños pasos, le quedará claro que sus palabras son muy valiosas y que merece ser escuchada.

Entonces, decir "no" la ayudará a protegerse y así sentirá cada vez más su poder.

LA AUTOESTIMA SE FORMA EN LA INFANCIA

En la práctica diaria como psicoanalista es común para mí escuchar frases referentes a la autoestima, que se relacionan con la falta o carencia de esta: "Tiene baja autoestima, por eso deja que la engañe su marido" o "Le bajó la autoestima con ese regaño" o "Tengo baja autoestima, por eso todo me sale mal".

Pero ¿realmente sabemos qué es la autoestima? Hablar de autoestima es hablar del sentimiento más bello y profundo que tenemos como seres humanos:

el amor. Y no de cualquier clase, porque es el amor más importante de todos: el que tenemos hacia nosotros mismos. Además, el nivel de este sentimiento será directamente proporcional a la autoestima.

La autoestima comienza a gestarse desde la infancia. Y para que una niña afiance su amor propio, requiere desarrollar confianza en sí misma y saberse capaz de realizar lo que desea, a pesar de las dificultades que se le presenten en la vida. Aunque parezca contradictorio, necesitamos del fracaso para fortalecer nuestra autoestima. El problema es que por lo general evitamos el fracaso, ya que nos atemoriza, nos frustra y nos hace pensar que no servimos para nada.

Sin embargo, lo que no hemos analizado del hecho de fracasar son los aprendizajes positivos que nos aporta y cómo pueden contribuir a la autoestima. Esto me recuerda una anécdota del gran inventor Thomas Alva Edison. Se dice que fue cuestionado cuando llevaba 999 intentos para crear la bombilla eléctrica o lo que hoy conocemos como el foco. "¿No te cansas de fracasar?", le preguntaron. A lo que él respondió: "No fracasé, solo descubrí 999 maneras de cómo no se hace una bombilla, por lo tanto, ya estoy más cerca del éxito".

Esta historia nos ayuda a entender que los fracasos en realidad son solo formas incorrectas de hacer algo, pero que si no claudicamos alcanzaremos la meta. Nuestros niños deben saber que no todo se puede conseguir al primer intento y que eso no quiere decir que su valía es menor o que no sirven para nada. Al contrario, podrán aprender un aspecto psicológico de suma importancia: la tolerancia a la frustración.

Desde el psicoanálisis, al tolerar la frustración estamos fortaleciendo a nuestro Yo, o sea, nuestra parte más consciente de la mente. De acuerdo con Freud, nuestro aparato mental se conforma de tres instancias psíquicas: el Yo, el Ello y el Súper Yo. El primero, como ya mencioné, es nuestra parte más consciente; el segundo se basa en el principio del placer, es decir, lo que nos gusta y disfrutamos en cualquier aspecto; mientras que el tercero se basa en los principios morales con los que hemos sido educados o, en otras palabras, todo lo que se considera bueno y lo que se considera malo para el individuo.

A veces creemos que darle todo a los hijos es una buena idea y nos esforzamos

> Necesitamos del fracaso para fortalecer nuestra autoestima.

por entregarles lo que a nosotros nos hizo falta en la infancia, como una forma de evitarles sufrimiento. Sin embargo, al tomar estas acciones, no los dejamos pelear sus propias batallas. Y, sin querer, los volvemos frágiles, ya que no dejamos que se pongan a prueba, que lo intenten, que fallen y que lo vuelvan intentar hasta que lo logren. Tal como le pasó a Edison.

Otro aspecto que fortalece la autoestima en la infancia es que nuestros hijos se sientan especialmente amados. Repetirles lo mucho que significan para nosotros, como padres, es dejar en su mente una fuente permanente de poder de la que podrán disponer en los momentos más complicados de su vida.

Finalmente, si quieres que tus hijas e hijos lleguen muy lejos, enséñales a pensar en grande. Que no teman ponerse metas muy altas y que luchen por sus sueños usando su fuente de poder interna.

TU NIÑA INTERIOR

> Enséñales a pensar en grande, ponerse metas altas y luchar por sus sueños.

Para cerrar este capítulo vamos a realizar un viaje al pasado. Empieza a visualizarte en tu infancia: ¿cómo eras? ¿Qué te gustaba hacer? ¿Cuál era tu anhelo? ¿A qué jugabas?

Ahora, continuando con el viaje, iremos aún más lejos: ¿qué sentimiento predominaba cuando eras niña: tristeza, alegría, enojo? ¿Qué querías ser de grande? ¿Una abogada, doctora, astronauta? ¿Lo lograste? ¿Te sientes satisfecha con la mujer que eres hoy en día?

No siempre las cosas salen como las planeas, posiblemente al ser tan pequeña acataste los estereotipos y exigencias que los demás imponían en ti. Tal vez pese a querer hacer algo diferente, tus mensajes internos te decían que no eras buena, que no eras capaz o que simplemente dejaras de luchar.

O quizá tuviste unos padres que estaban muy ocupados y de sus bocas solo salían reproches y juicios que seguían reforzando la idea de que no ibas a poder. Pero si estás leyendo esto, te felicito, pues quiere decir que de una u otra forma has seguido luchando por tus objetivos. Tal vez no en el camino que quisieras y lidiando con muchas dificultades, pero sigues luchando.

¿Te gustaría regresar el tiempo para actuar de otra manera? ¿Desearías seguir siendo niña para no tener que enfrentar esos eventos dolorosos por los que has pasado? Es probable que de pequeña te sintieras muy vulnerable, sin la fuerza necesaria para enfrentar los eventos que no elegiste. Sin embargo, al crecer tienes la gran ventaja de cambiar y ser quien rompa los estereotipos que no pudieron romper tus padres, tus maestros, amigos o familiares. Ahora está en tus manos no verte color rosa, sino del color que más te guste de la gran gama que existe.

También puedes rescatar a esa niña lastimada o herida de la infancia para convertirla en una niña poderosa si dejas de imaginarte como víctima. Tal vez sí lo fuiste, o bien, las circunstancias te orillaron a serlo, pero sirvió para convertirte en Super_____ [en esta línea va tu nombre, no temas ponerlo].

Comienza a fortalecer tu autoestima para que todos los fracasos que tuviste se transformen en tu mejor aprendizaje de vida. Esto te acercará cada vez más a la persona que quieres llegar a ser.

Trátate con respeto y deja de lado las autoagresiones que te dicen que no vas a poder o que no sirves para nada, pues eso solo te resta energía. Siéntete amada por la persona más importante que hay, es decir, tú misma. Reconocer que eres valiosa es el primer paso del empoderamiento.

Empieza a soñar de nuevo, ¡pero a lo grande! Sigue siempre alimentando tu fuente de poder. Toma de la mano a esa niña que siempre creyó en ti, tu pequeña niña interior, y llévala contigo, dile lo orgullosa que estás de ella, de lo que ha resistido, de lo que ha pasado, de lo que ha vivido y explícale que seguirás luchando para que ese sueño que tuvieron juntas se logre.

Ayuda a tu niña interior a vencer a sus monstruos, puesto que tú los conoces bien. Los has visto y sentido, pero ahora eres más grande, más fuerte y estoy segura de que podrás vencerlos, como lo hizo la pequeña Kendra. Usa todas tus herramientas, saca todo tu armamento: ve a terapia, medita, haz ejercicio, aliméntate bien. Todas estas acciones son muestras de amor hacia ti misma que te permitirán aniquilar las sombras de tu pasado.

Trátate con respeto y deja de lado las autoagresiones.

CONSTRUYENDO
TU PODER

Ahora te invito a poner en práctica las siguientes actividades.

1. A modo de reflexión, escribe en una hoja cuáles son los estereotipos de género a los que estuviste expuesta desde pequeña. Pídele a algún amigo varón que haga el mismo ejercicio y compartan sus impresiones. Así conocerán la manera en la que los estereotipos los han afectado.

2. Examina si te cuesta trabajo decir no. ¿En qué momentos o con qué personas te es más difícil? Puedes hacer una lista si quieres. Practica tu NO con mayúsculas ante esas circunstancias.

3. Por último, escribe pensando en grande. Puedes escribir en un *post-it* tu mayor sueño y, en la parte de atrás, cinco de tus capacidades

o cualidades que te servirán para alcanzarlo. Pégalo en un lugar visible.

4. Recuerda una experiencia en tu vida en la que sentiste que fracasaste y analiza qué aprendizaje te dejó. Conserva esa enseñanza, porque seguramente te será de mucha utilidad para hacer crecer tu fuente de poder.

¡Sigamos construyendo mujeres y niñas poderosas!

CAPÍTULO

3

DESCUBRIENDO EL PODER INTERNO: SER AUTÉNTICA

"Soy más fuerte de lo que aparento, toda la fuerza y el poder del mundo están en mi interior".

Robin Sharma

HISTORIAS
DEL DIVÁN

Doy clases de liderazgo en una de las principales universidades de México. Quienes han sido mis alumnos saben de mi particular forma de enseñar: suelo contar muchas historias y dar ejemplos prácticos que hacen la cátedra más amena, pero sobre todo intento generar un mejor aprendizaje del tema en cuestión.

Una vez tocó revisar los distintos tipos de líderes y cómo ejercían el poder. La idea era destacar lo imprescindible que es tener una buena actitud ante lo adverso, ya que por lo general nos sentimos mejor cuando estamos cerca de sujetos optimistas y, por lo tanto, esos individuos se vuelven modelos a seguir.

Hablamos de un tipo de dirigente específico, el transformacional, que, como su nombre lo indica, es aquel que genera un cambio significativo en la vida de sus seguidores. Este tipo de líder es una persona que no está obsesionada con el poder y una de sus características principales es la llamada "motivación inspiradora", que en resumen significa que su optimismo se contagia.

En medio de la clase, recordé un cuento popular al que, como es mi costumbre, le hice algunas modificaciones para ejemplificar mejor el tema, pero conservando los elementos principales. Aquí les dejo el relato que conté aquel día.

Había una vez una pareja que tenía dos hijos. Uno de ellos era extremadamente pesimista, nunca estaba conforme con nada y a todo le veía algo negativo. Era experto en pasarla mal. El otro hijo era implacablemente optimista. Sonreía todo el tiempo y, a pesar de que hubiera alguna adversidad, siempre le encontraba el lado bueno a las cosas. Al observar estas características, sus padres decidieron ponerlos a prueba, ya que tales extremos los desconcertaban.

Una Navidad tomaron la decisión de que al hijo pesimista le obsequiarían todo lo que pidiera, mientras que al optimista le dejarían una bolsa de estiércol de caballo junto al árbol navideño.

Al día siguiente, ambos niños buscaron emocionados sus regalos en el árbol. El pesimista se desplazó más rápido por temor a que su hermano llegara primero y le arrebatara sus regalos. Así observó muchos paquetes que le habían traído e incluso tuvo miedo de abrirlos.

"¡Qué tal si rompo alguno!", exclamó y, de inmediato, empezó a quejarse. Tomó un balón de fútbol y gritó: "¡Qué hermoso balón!". Pero en seguida dijo:

"Si salgo a jugar con él se puede desinflar, mejor lo voy a guardar". Después de abrir otro regalo, mencionó: "¡Me trajeron el videojuego que todos quieren, voy a invitar a los otros niños a jugar!". Pero después agregó: "¿Y si me lo descomponen?".

Al niño optimista, por otro lado, se le veía muy contento. Subía las escaleras, bajaba a la cocina y parecía que buscaba algo. Salía al patio y regresaba, hasta que los padres le preguntaron: "¿Qué haces? ¿Por qué estás tan contento? ¿Qué no ves que te trajeron una bolsa de estiércol?". A lo que su hijo les respondió: "Sí, ya la vi, por eso ando buscando al caballo que la hizo".

Si analizáramos este relato desde la perspectiva del poder, nos conduciría a plantearnos lo que sucede cuando alguien que aparentemente tiene todo lo que desea no es feliz. Mientras que hay otros que no buscan la felicidad, porque la llevan siempre en su interior.

PODER: ¿VERBO O SUSTANTIVO?

En el primer capítulo establecimos de manera general la definición del poder como "ser capaz". Ahora me gustaría que la revisáramos de una forma más profunda y la abordáramos desde dos grandes perspectivas:

- Como sustantivo
- Como verbo

El poder como sustantivo está relacionado con tener, con lo externo, con el deseo de posesión centrado en el individuo y el sometimiento de los otros. Es cuando se influye de forma directa sobre los demás para obtener lo que se quiere. Una vez que se consigue lo anhelado, ya no hay movimiento, la persona se paraliza y no va más allá de sus posibilidades. Se queda cuidando que nadie le quite su conquista, por lo tanto, suele estar a la defensiva y utiliza gran parte de su energía mental en ver a los demás como rivales.

Por ejemplo, hay quienes ven a su pareja como su propiedad. Creen que les pertenece y que tienen poder sobre esa persona, llevándolos a ser celosos y controladores. Incluso pueden oprimirla y someterla empleando la mentira, la manipulación y la desconfianza.

Esto puede convertirnos en prisioneras o prisioneros de una persona, de un cargo, del dinero, de las cosas materiales, de un trabajo, etc. El poder como sustantivo nos vuelve frágiles y nos aleja de quienes somos. En ocasiones, la necesidad de conservar nuestras posesiones puede orillarnos a olvidar nuestra propia identidad y, de esa forma, también nos corrompemos. ¿Alguna vez te has sentido así?

Por otra parte, el poder como verbo está relacionado con ser, con lo interno y se vincula con el desarrollo personal. Por ejemplo: ser una mejor persona, ayudar a otros y no dañar, ser feliz de la manera como cada uno lo conciba.

De esta forma, el poder siempre se encuentra en movimiento, acercando a la persona hacia sí misma. Por lo tanto, perdura más, ya que en lo interno radica nuestra fuente de poder, como ya lo he mencionado.

Una forma de identificar esa fuerza interna es cuando ante alguna dificultad de inmediato dices a tus adentros: "¡Tú puedes!", y logras mantener una actitud de optimismo. Como el niño que esperaba encontrar un caballo cuando lo que tenía era una bolsa

> El poder siempre se encuentra en movimiento.

de estiércol: su poder era mucho mayor que el de su hermano, quien aparentemente lo tenía todo.

El poder como verbo surge de ti y no debes temer que alguien te lo quite, ya que siempre puedes producir más.

DESARROLLANDO EL PODER INTERNO

Existen distintos factores que contribuyen a desarrollar el poder interno, como el autoconocimiento, un aspecto que se va acrecentando poco a poco con el tiempo, pues siempre habrá nuevas cosas que descubrir en ti. Algunas son sencillas, como saber lo que te gusta o lo que no, mientras que otras son más complejas y las detectas en la adversidad de un evento amenazante, como al experimentar una pérdida, o cuando pasas de la niñez a la adolescencia o tienes un hijo.

> El poder como verbo surge de ti y no debes temer que alguien te lo quite.

Por ejemplo: ¿te ha pasado que a veces imaginas que no vas a superar un cambio de escuela, una reciente desilusión amorosa o un problema familiar y, al paso del tiempo, de pronto te das cuenta de que lo superaste? Tal vez fue porque asististe a terapia, hablaste con tus amigos, seguiste alguna recomendación o simplemente el pasar de los días te hizo ver la situación con una perspectiva diferente, lo que te dejó un nuevo aprendizaje sobre ti.

Conocerte bien brinda la posibilidad de comprender que hay cosas que no dependen de ti y que no tienes el control de todo. Esto te ayudará a distinguir qué es lo que está en tus manos y qué no. Así identificarás más fácilmente lo que es tuyo y lo que otros quieren echarte encima.

Existe gente que se la pasa culpando a los otros de todo lo que le sucede. Tengo pacientes que llegan al consultorio y me comentan: "Dice mi esposo que por mi culpa ha subido de peso" o "Mi madre dice que sufre a causa mía". Pero está en tus manos la opción de engancharte con esas frases y considerar si es culpa tuya o si es algo que les corresponde a ellos resolver.

Ya que ninguno de nosotros es responsable de cómo se sienten los demás, en cada uno se encuentra la capacidad de elegir cómo sentirnos ante determinadas situaciones. Y así nos asumimos como protagonistas de nuestras vidas o víctimas de las circunstancias. El autoconocimiento, por tanto, nos hace auténticos, puesto que se dejan de lado las poses, las falsedades, los sentimientos de culpa o la victimización, es decir, todo aquello que no eres.

Otro de los factores preponderantes para desarrollar el poder interno es la perseverancia. Cuando algo no me salía bien a la primera y me veía desesperada, mi abuela solía insinuarme: "El que persevera alcanza". Era un modo de decirme que nunca me rindiera, que no pasaba nada si me equivocaba, pero que insistiese.

Imagina que la perseverancia es la representación de esa voz interna que te indica: "¡Hazlo de nuevo! ¡La que sigue es la vencida! ¡No renuncies ahora!". Esto genera que inventes nuevas alternativas para llegar a la meta y te transformes en un ser humano más creativo y, por ende, más resistente. Es como una especie de entrenamiento en el que vas ejercitando tus cualidades hasta que obtienes lo anhelado.

Finalmente, otro de los factores que estimulan el poder interno es la actitud positiva. Y quiero aclarar que con esto no me refiero a que una persona se ría todo el tiempo, no llore ni se enoje. Más bien, se trata de que a pesar de los malos momentos se tome el lado bueno de las situaciones.

Por ejemplo, si recién te divorciaste, puedes elegir pensar qué aprendizaje te dejó este hecho, o bien, si tienes problemas laborales, buscar algunas alternativas para llevarte mejor con tu jefe o tus compañeros.

Pensar positivamente te permite canalizar mejor tu energía y ser más productivo. Por el contrario, si tu actitud es como la del niño pesimista que se queja de todo y siempre encuentra algo negativo, tendrás muy poca o nula energía disponible para progresar.

LAS APARIENCIAS

En mis clases de liderazgo también suelo analizar el aspecto que más se valora del líder en cada época.

Por ejemplo, la cualidad más valorada en la Prehistoria era la fuerza física, porque todo estaba basado en la supervivencia y en que el fuerte se impone sobre el débil. En la antigua Grecia, en cambio, se valoraba la sabiduría, la estética o las habilidades

> La perseverancia es esa voz interna que te indica: "¡Hazlo de nuevo! ¡No renuncies ahora!".

para la guerra, mientras que en el Imperio Romano valoraban los bienes materiales y las riquezas.

Así, cada época va modificando lo que considera valioso de sus dirigentes, debido a las mismas necesidades del momento.

Y al situarnos en el siglo XXI, les hago la pregunta a mis estudiantes. Por lo general, la mayoría coincide en que las redes sociales son sumamente valoradas por su capacidad de influencia y en que existe un aspecto fundamental representado en ellas: las apariencias. Estas hacen alusión al aspecto externo de la persona, es decir, a eso que notamos a simple vista.

En redes sociales podemos observar que las personas postean fotos en los lugares más bellos o inusuales, y hasta hay algunos que ponen en riesgo su vida por ello. Como cuando alguien sube a una cascada y se coloca en un punto donde puede resbalar o cuando se toma una foto en mitad de una carretera o manejando. Lo que arroja una preocupante conclusión: parece que deseamos ser vistos, pero no por lo que somos, sino por lo que aparentamos, o sea, por la fachada.

> Deseamos ser vistos, pero no por lo que somos.

Aparentamos leer libros, cuando solo citamos una

publicación de redes sociales con la frase de un escritor. Aparentamos ser amorosos con nuestra pareja en Facebook al publicar bellos mensajes, pero en realidad nos la pasamos peleando en la vida real. Aparentamos ser buenos padres, pero solo lo hacemos para la foto, porque luego no les prestamos atención a los hijos, aun cuando publicamos que los amamos.

En apariencia, tenemos miles de amigos, cuando en realidad solo conocemos a muy pocos de ellos. En redes sociales, nuestra vida es perfecta, pero detrás de ella puede esconderse un gran vacío.

Desafortunadamente, hoy en día se privilegia mucho el aspecto por sobre cualquier otro talento. Es decir, se valora más tener que ser. Por ejemplo, a una persona bondadosa no le importa si alguien nota su buena acción, lo hace porque su esencia es ayudar y no porque le interese exhibirse. Mientras que la intención de alguien que postea en redes sociales una foto de cuando rescataba a un gato de un árbol puede ser que le digan lo buena que es. Y así se pierde el verdadero objetivo de ayudar, ¿no crees?

Una de las explicaciones que yo le encuentro a este fenómeno consiste en el temor al rechazo, es decir, el miedo a que al mostrarnos tal cual somos, sin filtros ni ediciones, sin publicar grandes hazañas, sin maquillaje y con todas nuestras imperfecciones, nadie nos vaya a querer.

Pero debemos recordar que las apariencias engañan y, aunque las redes sociales potencializan su efecto, no solo en ese universo suelen presentarse: muchas personas viven encarceladas en esas fachadas de seres perfectos y, mientras sufren de soledad en su interior, siempre se muestran rodeadas de gente.

Ahora me gustaría que pensaras en el sinfín de apariencias que existen en todos nosotros. Si te fijas, es como ponernos una máscara y cambiarla según la ocasión, sin permitir que nos vean tal cual somos. Sin embargo, vivir de las apariencias es apostar a perder, ya que no hay fachada que dure para siempre, pues el mismo paso del tiempo la desgasta.

Por el contrario, si soltamos lo superficial, nuestro verdadero ser emergerá con más fuerza, conectándonos con nuestra identidad. Para esto, necesitamos aceptar que no somos perfectos y que tenemos virtudes y defectos. Aquí es necesario utilizar nuestro poder interno, el poder como verbo, ponderando el amor propio y dándole sentido a nuestra vida.

AUTÉNTICAS, NO PERFECTAS

La mujer auténtica no imita a nadie, hace su propio camino, no sigue estereotipos que limiten su actuar o le digan lo que debe hacer, es decidida y sensible. Por eso, difícilmente pasa desapercibida.

Este tipo de mujeres se encuentra en todas partes. No temen al fracaso porque no están pensando en el qué dirán ni si van a ser aceptadas o no, porque son poseedoras de una gran autoestima.

Ahora bien, quizá puedas estar esperando una especie de lista en la que te diga cómo ser auténtica, pero la realidad es que no hay una receta.

Si la hubiera, entonces se caería en la imitación y la palabra auténtica carecería de sentido. Obviamente te puedes inspirar en una mujer que consideres auténtica y a la que admiras o en alguien que sea un modelo a seguir para ti, sin que implique que seas una copia. La originalidad involucra que imprimas tu propio sello a todo lo que haces.

Las personas auténticas conservan una buena dosis de optimismo y de buen humor y se ríen de sí mismas,

> Necesitamos aceptar que tenemos virtudes y defectos.

ya que no le temen al ridículo, por eso siempre suelen atreverse más.

Si pudiera mencionar un elemento imprescindible para ser auténtica, diría que es dejar de lado la idea de ser perfecta. En el capítulo anterior mencionaba que, desde que somos pequeñas, la sociedad nos impregna la idea de que todo lo tenemos que hacer bien para ser valoradas: novias perfectas, hijas perfectas, alumnas perfectas, mamás perfectas. Mujeres perfectas como hechas en serie. Pero la perfección solo es una ilusión, porque los seres humanos somos imperfectos por naturaleza.

Por último, quisiera decirte que un buen inicio en el camino hacia la autenticidad es ser flexibles con nosotras mismas, es decir, tratarnos bien y procurar no juzgarnos demasiado, así generaremos nuevos hábitos que nos acercarán a nuestros sueños.

La mujer auténtica no imita a nadie, hace su propio camino, no sigue estereotipos.

CONSTRUYENDO
TU PODER

Este capítulo está enfocado en hacer que te mires, pero no desde lo externo, sino volteando hacia el interior para conocerte más.

Por lo que ahora me gustaría que tomaras una hoja en blanco y la doblaras a la mitad. Identifica con toda sinceridad los momentos en los que has actuado con el poder como sustantivo y en los que lo has hecho como verbo. Una vez que los tengas claros, anótalos de un lado y otro, respectivamente. Analízalos y, basada en lo que escribiste, fíjate qué tipo de poder está predominando en ti.

A continuación, en el reverso de esa misma hoja escribe una historia tuya donde hayas sido perseverante. Por ejemplo: ¿en qué actividad has puesto más empeño hasta ahora y no te diste por vencida? Puede ser cuando aprendiste algún idioma o cuando conseguiste el permiso de tus padres para que te dejaran ir de excursión.

Después, piensa en el momento más difícil de tu vida. Quizá aún te duela pensar en ello, pero me gustaría que te concentraras y buscaras la enseñanza que te dejó ese evento. Aunque no parezca sencillo, siempre habrá algo que podamos aprender en la adversidad.

Ahora, revisa tus redes sociales. Quizá tengas muchas fotos en las que luces "perfecta", ¿te atreverías a subir una foto tal cual eres? Me refiero a una foto que no esté editada y en la que no estés arreglada o uses maquillaje. Una foto que refleje realmente tu esencia.

Si deseas experimentar esta sensación, puedes usar el hashtag *#auténticanoperfecta* y postearla.

Para terminar, piensa en algo que siempre has querido hacer, pero que no has realizado por miedo a lo que puedan decir otros de ti. Revisa esos pensamientos e identifica qué imaginabas que las personas pensarían al respecto.

Bien, ahora busca una actividad que disfrutes y hazla sola, como ir al cine, salir a tomar un café o bailar. Experimenta ser auténtica, no perfecta.

> **EN EL CAMINO HACIA LA AUTENTICIDAD DEBEMOS SER FLEXIBLES CON NOSOTRAS MISMAS.**

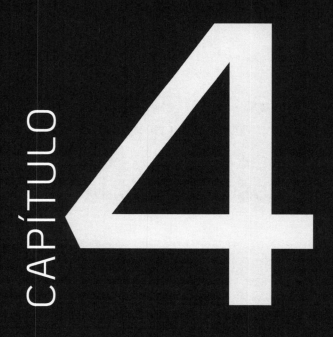

CAPÍTULO 4

MUJERES LÍDERES: ¿NACIMOS PARA MANDAR O PARA OBEDECER?

"Si tus acciones inspiran a otros a soñar más, aprender más, hacer más y ser mejores, eres un líder".

Jack Welch

HISTORIAS
DEL DIVÁN

Te contaré la historia de una mujer a la que conozco muy bien. Obtuvo su primer trabajo a los 19 años como entrenadora de un equipo universitario de básquetbol varonil. En ese entonces, ella estaba por concluir su carrera de Educación Física. A la escuela le urgía un coach, ya que el anterior había sido despedido y el torneo universitario estaba a punto de comenzar, así que decidieron darle la oportunidad de dirigir el equipo.

Como podrás imaginar, al ser tan joven, sus jugadores eran de la misma edad o unos años más grandes. Y así, cuando fue presentada como la nueva entrenadora, muchos de ellos se mostraron incrédulos, sobre todo porque en ese momento dentro de la institución no había una mujer que entrenara a un equipo varonil.

Pero esta mujer era apasionaba del básquetbol. Había sido seleccionada como jugadora desde la preparatoria, lo que la llevó a participar en torneos estatales, regionales y nacionales con su escuela. Y en el momento de solicitar el empleo, formaba parte del equipo representativo de su universidad.

Tenía herramientas suficientes para empezar a trabajar en ese ámbito. Así que tomó las riendas del equipo. Poseía capacidad de enseñanza y demostraba confianza en sí misma. A pesar de las dudas de algunos, no se dio por vencida y empezó a trabajar duro hasta ganarse la confianza de todo el equipo.

En ese entonces, el torneo universitario estaba dividido en dos categorías: primera y segunda fuerza. Los equipos más competitivos estaban en primera y en segunda los demás.

El equipo de la nueva coach, de acuerdo con sus características y desempeño, competía en la segunda fuerza y, para pasar a primera, tenía que ser el campeón o subcampeón del torneo.

Pero ese año la clasificación fue especialmente complicada y perdieron muchos partidos. Hubo poco tiempo de preparación y faltó la consolidación de los integrantes como un grupo, como un equipo. Sin embargo, la universidad observó que los jugadores estaban más unidos y disciplinados, así que decidió que la entrenadora siguiera al frente.

Ese nuevo año los entrenamientos fueron extenuantes. Y aunque la exigencia era mayor, también se divertían y convivían como grupo. Lo que provocó que los jóvenes deportistas mejoraran tanto en su técnica como en la táctica.

El equipo tuvo una buena racha, ganaron uno a uno todos los partidos de la temporada regular hasta lograr el pase a la final. El juego por el campeonato se convertía en una realidad.

El día llegó, se escuchó el silbatazo de inicio y el partido comenzó. El tiempo pasaba y el marcador era cerrado. Cada enceste del equipo rival era respondido de inmediato. El juego era de total entrega y compromiso. El público estaba al borde de los nervios y se ponía de pie gritando a cada momento. Hasta que llegó el final del encuentro. El equipo de la joven entrenadora obtuvo el campeonato y, por ende, su pase a primera fuerza. Todos estaban felices.

Pero aunque el objetivo se había alcanzado, las cosas no fueron sencillas para ella, ya que era complicado y extraño estar dentro de un terreno deportivo dominado por hombres. Durante todo el campeonato percibió que a algunos les incomodaba ver a una mujer liderar a un equipo varonil y el problema con los árbitros era similar.

A los entrenadores hombres se les permitía una forma de hablar más ruda, pero si ella subía el tono de voz o exigía un mejor arbitraje, la amenazaban con expulsarla del juego. Y ocurrió en una ocasión que le gritó a uno de ellos en pleno partido: "¡Ya marca algo bien!". El arbitraje era pésimo y la entrenadora no hizo más que imitar una frase que era común en ese ambiente, pero el resultado fue distinto para ella y la expulsaron del juego.

Sin embargo, con el pasar de los años esa mujer se fue consolidando como una entrenadora muy fuerte. Además, sus compañeros de trabajo poco a poco se habituaron a ella, respetando sus opiniones y aportes a la disciplina deportiva.

Ya que sus entrenamientos eran intensos y sus equipos muy disciplinados, muchos querían formar parte de ellos. Pero no era fácil pertenecer a la selección a su cargo, porque cada vez era más exigente. Lo que generó que constantemente estuviera dentro de los primeros lugares en los torneos.

La joven entrenadora continuó su camino, siguió estudiando y poco a poco fue cumpliendo sus metas. El tiempo pasó y la mujer se convirtió en coordinadora de actividades deportivas de toda la universidad.

Decidí contarles esta historia como si fuera de alguien más porque me gusta mirarme en retrospectiva y, a veces, hace falta alejarse un poco para poder ver con mayor claridad las cosas.

Pero, a pesar del tiempo, aún puedo sentir lo emocionante de estar en la cancha, ver a mis jugadores anotar puntos, formar un círculo alrededor mío y notar que me escuchan atentos. Aún puedo verlos alcanzando triunfos.

EL LÍDER Y EL LIDERAZGO

El liderazgo es tan antiguo como la humanidad. Es indispensable para la organización de los individuos y la toma de decisiones hacia la consecución de una meta.

Un líder es quien tiene la capacidad de influir y de provocar que otros confíen en él o en ella. Además, también tiene una gran pasión por lo que hace, es empático, perseverante y tiene claro sus objetivos.

Sabemos que han existido líderes positivos, pero también hay líderes negativos. Aunque ambos pueden compartir algunas de las cualidades mencionadas, hay diferencias importantes entre ellos.

Desde el psicoanálisis, el líder positivo está relacionado con el amor y la vida, porque no necesita pasar por arriba de los demás para alcanzar sus objetivos. Trabaja duro, construye, protege e inspira. Como el Premio Nobel de la Paz Nelson Mandela, que dedicó su vida a luchar por los derechos de su gente para que existiera igualdad y se terminara la discriminación por el color de piel en Sudáfrica.

Por otro lado, el líder negativo se relaciona con el odio y la destrucción, porque su visión no es auténtica y manipula a los demás para sus fines. Podemos citar en esta clasificación a Adolf Hitler, máximo dirigente de la Alemania nazi, o al dictador italiano Benito Mussolini. Este tipo de líderes ha hecho un daño terrible a la humanidad.

Mucho se ha debatido si el líder nace o se hace. Algunos creen que ese don ya se trae en la sangre y otros creen que cualquier persona puede ser líder. Particularmente, considero que ambas teorías son correctas. Hay quienes ya traen ciertas capacidades heredadas, como el nivel de inteligencia o un cierto tipo de temperamento. Pero también hay otras habilidades o capacidades que se aprenden con el tiempo, como la disciplina o la paciencia.

Para alcanzar sus objetivos, el líder necesita realizar una serie de acciones y seguir un proceso que lo irá acercando a lo que desea. A esa serie de pasos o procesos la conocemos como liderazgo.

En el liderazgo, la creatividad del líder es indispensable, ya que para conseguir objetivos se requiere salir de la zona de confort, ese lugar en el que estamos a gusto y donde no hay riesgos. Esta zona también es

> Un líder tiene la capacidad de influir.

una especie de terreno mental, en el que nos sentimos a salvo y cobijados.

Si el líder tiene la visión de llegar muy lejos o alcanzar expectativas muy altas, habrá estrategias o acciones que necesitará crear o inventar y tal vez tenga que sacrificar algo en el camino. En mi historia como entrenadora, tuve que buscar formas de ganarme la confianza de mis jugadores, porque nunca habían tenido a una entrenadora mujer.

A veces me desvelaba investigando nuevos ejercicios y estrategias que los hicieran ganar. También tomaba cursos que yo misma costeaba para ser mejor profesional. Además, siempre aportaba más de mi tiempo en los entrenamientos, con la firme convicción de hacer posible lo que otros consideraban imposible.

MANDAMOS COMO PENSAMOS

Ahora hagamos juntos el siguiente ejercicio. Con toda honestidad, piensa en la primera imagen que se te venga a la mente con la frase *mujeres al mando*. Tal vez imaginaste a una

> En el liderazgo, la creatividad del líder es indispensable.

mujer gritando, una madre, una profesional, en fin, las opciones son incontables.

Ahora piensa en la primera imagen que se te venga a la mente con la frase *hombres al mando*. ¿Qué visualizas en este momento? (Si te es posible, anótalo en una hoja, al final del capítulo lo retomaremos).

Lo anterior nos permite reflexionar acerca de lo que tenemos grabado en nuestro psiquismo, que es el conjunto de funciones y capacidades mentales que tenemos, como la atención, los pensamientos, la motivación, las percepciones y sensaciones.

Debido a que cada cabeza es un mundo, cada uno podrá concebir una imagen u otra, ya que la forma en la que apreciamos lo que nos rodea en gran medida depende, como ya lo comenté, de nuestra historia personal, la forma en que se nos educó, los estereotipos o mensajes que se encuentran grabados en nuestro inconsciente respecto a lo que debemos ser.

Es cierto que varios de esos estereotipos se han roto a lo largo de las distintas épocas. Por ejemplo, antes una gran mayoría de mujeres no trabajaba fuera del hogar ni estudiaba una carrera profesional, mientras que hoy en día eso es algo cada vez más frecuente y común.

Al iniciarse en el liderazgo, una mujer suele afrontar diversos obstáculos que le pueden impedir consolidarse como líder. De entrada, una de las principales dificultades está relacionada con la experiencia en dirigir o mandar. ¿A qué me refiero con esto? A que si lo analizamos detenidamente, podremos observar que a muchas mujeres no se nos incita a mandar.

Desde pequeñas, más bien, se nos enseña a obedecer, a no cuestionar a los otros y procurar estar calladas y ser sumisas, nos motivan a participar en actividades dentro del hogar, como lavar ropa, limpiar la casa, cocinar y cuidar a los niños. Labores que se encuentran dentro del ámbito privado y a las que no se les asigna un sueldo por el trabajo y esfuerzo.

La competencia, a su vez, es vista como una cuestión agresiva en nuestro género, pues es mejor compartir que sobresalir. Por eso, si una mujer toma el mando en cualquier área cabe la posibilidad de que sea vista como "mandona" o "agresiva" y no como una líder.

El mundo al que nos enfrentamos tiene un mayor número de hombres al mando, ya que por muchos años han sido los responsables de salir a trabajar al ámbito público y a realizar actividades fuera del hogar. Por lo que es sumamente importante que los padres, maestros, hombres y mujeres contribuyamos a ser agentes de cambio. Debemos estimular a nuestras niñas, jóvenes y adultas a ordenar, gobernar y mandar.

Para que esto funcione, la mujer tiene que ganar experiencia y regir no solo en la vida privada, sino también en la pública, o sea, en la escuela, el trabajo, las empresas e instituciones.

Ahora bien, aunque en estos tiempos existe una mayor igualdad y equidad de género en lo referente a la vida pública, aún tenemos que seguir abriendo espacios para que las mujeres tengamos la oportunidad de ser líderes en el área que mejor nos desempeñemos. Vamos por buen camino, pero hace falta seguir recorriéndolo.

Una buena manera de generar mayores oportunidades es impulsarnos entre nosotras. Tenemos que tendernos la mano entre mujeres, sin importar el cargo o posición que tengamos. Puedes recomendar a tus amigas o conocidas para desempeñar algún oficio o profesión y, si está en tus posibilidades, contratar

> Una buena manera de generar mayores oportunidades es impulsarnos entre nosotras.

a otra de tus congéneres para fomentar la solidaridad entre nosotras en todo momento.

En la actualidad, claro que existen ejemplos de mujeres que han alcanzado puestos directivos o espacios donde ejercen su liderazgo. Solo que algunas de ellas han llegado a caer en el error de imitar la forma de dirigir de los varones al usar palabras altisonantes o desvalorizar el trabajo de otras mujeres, lo que refuerza la idea de que los hombres lo hacen mejor.

Yo debo confesar que caí en ese error en varias ocasiones, sobre todo cuando trabajaba como entrenadora de básquetbol. Tal como lo narré en mi historia, a veces asumía conductas que mostraban los entrenadores, como gritar en exceso o utilizar por imitación palabras y tonos desagradables que escuchaba de otros compañeros. Estas acciones las podemos hacer casi sin darnos cuenta, ya que evidentemente el modelo masculino de liderazgo es con el que nos encontramos más familiarizadas.

Estemos de acuerdo o no, el liderazgo ha sido desde el principio de la humanidad ejercido por hombres. Desde el cavernícola que dirigía la horda para cazar, así

> **Tenemos que tendernos la mano entre mujeres.**

como otras actividades que están relacionadas con la supervivencia, mientras que las mujeres se quedaban en la cueva, hasta la actualidad, donde la mayoría de los cargos de mayor responsabilidad y jerarquía son ocupados por varones.

Por lo general, la forma de ejercer liderazgo por parte de un hombre es mucho más autoritaria que la de una mujer, pues suelen ser altamente competitivos y agresivos, características convencionalmente apreciadas para ejercer el mando.

Pero ojo que no estoy tratando de juzgar, ya que las aportaciones de los líderes varones al mundo son un hecho. Lo que trato de explicar es que no es necesario imitar ese modelo, por el contrario, hay que intentar generar nuevas formas de ejercer liderazgo dando lo mejor de cada una y aportando empatía, sensibilidad o cualquiera que sea la característica que más te distinga.

Mirándonos en una nueva realidad, donde las mujeres podemos ser líderes y asumir el mando con cargos de mayor importancia, me viene a la mente el caso de Mayra González. Ella empezó su carrera siendo vendedora de autos en una agencia y, en el año 2019, fue nombrada la nueva directora de ventas global de la automotriz Nissan. Su historia nos deja ver que las mujeres podemos mandar exitosamente.

CAUTIVERIOS EN EL LIDERAZGO

"La mujer no sabe ser líder" o "Las mujeres son muy emocionales y no toman buenas decisiones" o "Una mujer no es suficientemente inteligente para asumir el mando" son frases que algunos asocian a nuestro género.

Desde esta perspectiva, podemos ver varios prejuicios que, al final, nos convierten en prisioneras de ese tipo de ideas. Son, por decirlo de alguna manera, nuestros cautiverios, ya que no nos permiten actuar con total libertad en el ejercicio del liderazgo.

De acuerdo con mi experiencia personal y profesional, los siguientes son los cautiverios que se presentan con mayor frecuencia.

1. Las mujeres no confían en ellas mismas
Se dice que las mujeres dudamos de nuestras capacidades, que nos cuesta trabajo valorar nuestros logros y, por lo general, no los compartimos con los demás e incluso los minimizamos.

Saliendo del cautiverio. Necesitamos ser objetivas para poder liberarnos, por lo que te invito a preguntarte: ¿te consideras una mujer talentosa? Si tu respuesta fue afirmativa: ¿cuál es tu talento? Por último: ¿te resultó fácil responder?

Un primer paso para mejorar la confianza es descubrir tus talentos y creer en lo que haces, porque a veces nos cuesta trabajo identificar para qué somos buenas o, a pesar de hacer las cosas bien, nos exigimos demasiado. Por eso, me gustaría que pensaras si al momento de reconocer algo en lo que eres buena te juzgas duramente o si te cuesta trabajo expresar sin titubear: "¡Sí, soy buena en esto y aquello!".

Quizá lo primordial para descubir nuestros talentos sea comenzar a identificar qué actividades nos hacen felices y disfrutamos realizar, o bien, qué actividades se nos hacen fáciles de ejecutar.

Si lo piensas con detenimiento, esas actividades pueden estar relacionadas con tu talento, cualquiera que sea: bailar, resolver problemas matemáticos, tocar un instrumento musical, dibujar, cocinar, escribir o construir cosas.

> Para mejorar la confianza, descubre tus talentos y cree en lo que haces.

Tenemos que dejar de lado el perfeccionismo, las dificultades para admitir nuestros logros y la creencia de que para ser reconocidas en algo no tenemos que equivocarnos en lo más mínimo. Porque así caemos en una autoexigencia constante, sin darnos espacio para la reflexión y la valoración de nuestros talentos.

2. Las mujeres no saben trabajar con otras mujeres

Se dice que envidiamos a las otras, que entre nosotras nos criticamos, que no sabemos trabajar juntas y que si una mujer tiene un puesto laboral de alto nivel no ayuda a las demás.

Saliendo del cautiverio. Incluso en México hay un refrán al respecto: "Mujeres juntas, ni difuntas", usado para referirse a que las mujeres somos conflictivas por naturaleza.

Este cautiverio tiene su origen en la forma en la que nos educaron, ya que por lo general no se nos enseña a competir o a luchar por lo que deseamos desde pequeñas.

> Por lo general, no se nos enseña a competir o a luchar por lo que deseamos.

Es probable que a algunas nos haya tocado desde niñas oír que obedecer nos hace buenas mujeres. En los hogares, por ejemplo, es común que se transmita que los hombres son los que mandan, porque salen a trabajar, porque ganan más dinero o porque son más fuertes. Y entonces nosotras estamos subordinadas a ellos.

Expresiones como: "¡Qué buena niña, es muy obediente!" o "¡Es tan bien portada!", son ejemplos de que la pasividad es altamente valorada en la mujer. Es mejor colaborar que competir, que luchar o ser rebeldes.

Lo que nos correspondería entonces es seguir las órdenes de alguien más, porque las mujeres mandonas no son bien vistas, ya que se asocian con agresividad. Mientras que a los varones se les incita a ganarle a otros niños o a correr más fuerte que sus compañeros o amigos y que si quieren algo luchen por eso, sin importar si no les agrada a los demás.

De este modo, competir y mandar es algo positivo aceptado socialmente desde lo masculino. Y si una mujer es competitiva con otras, se le puede asociar con la envidia o el conflicto por luchar por lo que quiere, cuando en realidad solo está siendo persistente o decidida.

Por supuesto que también hay claros ejemplos de envidia entre mujeres y hombres. Y esto lo podemos detectar cuando se intenta sabotear el trabajo del otro para obtener ventaja, ridiculizar a una persona o abusar de una posición de poder.

Para salir de este cautiverio, se puede comenzar ayudando a otras mujeres: recomendando su trabajo, evitando criticar su aspecto físico, emprendiendo juntas a nivel laboral. Promovamos en todos los ámbitos la sana competencia y la colaboración de todos, sin hacer trampas, aceptando cuando se gana y cuando no. No somos rivales, somos aliadas.

3. Las mujeres son muy emocionales

Se critican nuestros cambios de humor, cierto comportamiento voluble o nuestro estado emocional asociado al periodo menstrual y se considera que por esta razón biológica las mujeres no tomamos decisiones asertivas. Además de que esta condición nos hace más débiles y sensibles, porque lloramos por todo y somos irritables y malhumoradas. "¡Ha de estar en sus días!" o "¡Nada te parece, seguro andas menstruando!" son frases comunes para referirse a ello.

Saliendo del cautiverio. Socioculturalmente a la mujer se le ha permitido demostrar más sus afectos, afortunadamente. Si algo nos lastima o entristece, podemos llorar. Así nos volvemos más perceptivas a lo que los demás sienten, ya que estamos en mayor contacto con nuestras emociones y con nuestro cuerpo. De ahí que podamos desarrollar con mayor facilidad la empatía y entender al otro.

Esta es una de las cualidades más importantes que tiene un buen líder, ya que al pensar en los demás detectará qué necesita cada uno para ser mejor y podrá generar mayores oportunidades de desarrollo personal y profesional.

Claro que a veces las hormonas generan cambios en nuestro carácter, pero eso no significa que no podamos dirigir o que tomemos malas decisiones.

Aunque el periodo menstrual para algunas podrá ser doloroso, la mayoría de las mujeres seguimos realizando nuestras actividades diarias. Y es así como nos volvemos más fuertes. Aprendemos a tolerar lo incómodo e, incluso, somos más cuidadosas y receptivas. ¿No lo crees?

Piensa en todo lo que realizas aunque sientas malestar o cólicos. Más que un signo de fragilidad, confirma lo resilientes que podemos ser, porque incluso en la

No somos rivales, somos aliadas.

aflicción y la incomodidad no nos detenemos y asumimos los retos que se nos presentan.

4. *Ser madre obstaculiza el desarrollo profesional*
Socioculturalmente se ha llegado a considerar que la maternidad frena el éxito laboral y que una mujer embarazada ya no tiene oportunidades de luchar por un ascenso en cualquier empresa, ya que pronto abandonará el trabajo para cuidar de su bebé.

Saliendo del cautiverio. Los modelos de crianza de los hijos han cambiado. Anteriormente, el cuidado absoluto de los pequeños correspondía a la mamá, lo que dejaba al padre como el proveedor económico. En la actualidad, sin embargo, ambos padres pueden salir a trabajar para aportar a la economía familiar. Y el cuidado de los niños entonces es responsabilidad de ambos, no solo de la mujer.

Los casos en que la mujer/madre tiene un salario más alto que su pareja y juntos deciden que sea el hombre quien se quede en casa al cuidado de los hijos han aumentado. Lo que representa un claro ejemplo de las nuevas parentalidades,

> Incluso en la aflicción y la incomodidad asumimos los retos.

es decir, los nuevos modelos de crianza en los que se involucran hombres y mujeres.

Estos modelos nos hacen crecer como humanidad, promueven una mayor igualdad y equidad entre los géneros y otorgan a los varones la oportunidad de vincularse más con sus hijas e hijos. La maternidad no representa una limitante en sí, pero algunas empresas no proporcionan políticas flexibles para que una mamá siga su desarrollo profesional.

Los horarios son rígidos, el reconocimiento es poco, los permisos se limitan y, si le sumamos que los salarios de las mujeres por lo general son más bajos, no permite que la mujer/madre pueda encontrar equilibrio entre su vida personal y el trabajo. Eso es lo que realmente obstaculiza a la mujer.

Cuando mi hija nació, trabajaba como profesora de Educación Física y entrenadora de básquetbol. Acababa de concluir mi segunda licenciatura en Psicología y no niego que fuera pesado dejar a mi pequeña en la guardería mientras laboraba, como seguramente lo hacen muchas madres trabajadoras.

Tuve que aprender a optimizar mi tiempo. Ser madre no significa que tengamos un bajo rendimiento laboral, puesto que nuestros hijos son una enorme motivación para prosperar y comprometernos aún más con el trabajo.

Además, ser mamás que trabajan nos pone como ejemplo ante nuestros niños, pues pasamos a formar parte de sus modelos de identificación. Por eso, sí es posible luchar por lo que queremos, pues ser madre no es una limitante para tener éxito profesional.

Desarrollarnos profesionalmente como mujeres/madres también aporta felicidad a nuestra vida, lo que nos conduce a dar lo mejor de nosotras a nuestros hijos y nos hace compartir tiempo de calidad con nuestra familia.

CONSTRUYENDO
TU PODER

Para complementar este capítulo, te comparto tres ejercicios. No es necesario que los hagas todos, elige el que más te guste, con el que más te identifiques o el que sientas que te haga falta.

1. Tómate un tiempo para estar a solas. Elige el lugar que prefieras y piensa en una mujer líder que haya aportado algo positivo a tu vida, puede ser una profesora, tu madre o alguna amiga. Una vez que sepas quién es, escribe el momento por el que la recuerdas con gratitud, ese en donde te ayudó o impulsó. Por último, busca a esa mujer, contáctala. Hazle saber lo que significó su apoyo o guía para ti y agradécele en persona por aquello que te brindó. Si ya no vive o no tienes forma de encontrarla, puedes escribirle una carta con todo lo que sientes y leerla en voz alta mientras piensas en ella.

Nunca olvides que el reconocimiento es muy importante para cualquier ser humano.

2. ¿Te acuerdas cuando te pedí que pensaras en la primera imagen que se te venía a la mente al leer las frases *mujeres al mando* y *hombres al mando?*

    Piensa de nuevo en esa imagen, sin cambiarla. Anota lo que imaginaste en una hoja. Ahora reflexiona si después de leer este capítulo, la imagen que tenías, tanto de la mujer como del hombre, cambió de alguna forma. Detecta tus propios prejuicios relacionados con el tema para que puedas modificarlos poco a poco.

3. Para esta actividad vas a necesitar tener a la mano un espejo mediano o grande, un plumón para pizarrón y un poco de papel de baño.

    Llegó el momento de revisar tus propios cautiverios, es decir, los prejuicios que te han limitado para alcanzar tus sueños. Pueden ser iguales o distintos a los que abordamos en el capítulo, lo importante es que los identifiques claramente.

    Ponte frente a tu espejo y comienza a escribir una lista con esas ideas que no te deja avanzar.

Una vez escritos, mírate en el espejo y lee el primero: ahora está fuera de ti. Ese cautiverio no es tu esencia. Después bórralo y, en su lugar, escribe uno de tus talentos, sin titubear. Repite esto con cada cautiverio escrito.

¡Sigue adelante y no te detengas! Recuerda que no estás sola, llevas todas tus cualidades contigo.

CAPÍTULO

5

DOMINANDO EL CUERPO Y ROMPIENDO PREJUICIOS

"El cuerpo es una prenda sagrada.
Es tu primera y última prenda;
es lo que llevas cuando entras a
la vida y cuando sales de ella, y
deberías tratarlo con honor".

Martha Graham

HISTORIAS
DEL DIVÁN

La historia que te voy a contar es el caso de una mujer de 30 años que un día de invierno solicitó mis servicios como psicoanalista. Su nombre era Elena. Recuerdo que hacía bastante frío y que llegó al consultorio a la hora pactada. De tanta ropa que llevaba encima casi no podía ver su rostro ni la forma de su cuerpo: suéter, pantalón, abrigo, guantes, bufanda y gorro la cubrían por completo. En ese momento me pareció adecuado que fuera tan abrigada, pero después noté que aun dentro del consultorio, donde el clima era templado, no se quitó ninguna prenda.

Elena estaba casada con un hombre que la maltrataba emocionalmente. Fueron novios por tres años y después decidieron casarse. Al inicio todo iba bien, pero conforme pasó el tiempo, su pareja comenzó a sugerirle cómo vestirse para que cubriera más su cuerpo y no usara ropa tan ajustada, bajo el pretexto de que eso podía provocar a otros hombres y suscitar miradas y pensamientos inapropiados acerca de ella. "Te lo digo por tu propio bien", aseguraba Antonio, su esposo.

La paciente me comentó que en ese entonces estaba muy enamorada, así que tomó sus opiniones por buenas y, aunque era muy delgada, empezó a comprar ropa una talla más grande. Casi sin darse cuenta, su esposo poco a poco le iba solicitando más: que no se maquillara, que se recogiera el cabello, que usara pantaletas y no bikinis de ropa interior y, por si fuera poco, que dejara de ejercitarse, porque Elena practicaba ciclismo de montaña y corría. Parece absurdo, ¿no? ¿Por qué razón una pareja exige ese tipo de cosas? ¿Por qué alguien las acepta?

La respuesta, en este caso, era que Antonio veía a su esposa Elena como un objeto de su propiedad, no como una mujer con deseos y voluntad propia. Con el pasar de los años, Elena comenzó a sentirse muy infeliz por tal situación. Trabajaba en el área administrativa de un corporativo y era una mujer muy profesional, pero todos los días antes de salir de casa su esposo supervisaba su vestimenta y se aseguraba de que no hubiera ido a la pista a correr.

Cada vez que llegaba a su sesión conmigo, me observaba y hacía comentarios referentes a mi ropa: "Qué linda blusa" o "Se te ven muy bien tus pantalones" o "Tu falda me gusta mucho". Mi respuesta era simple y concreta: "Gracias, Elena". Después me hablaba de las ganas que tenía de vestirse así y de la tristeza de no poder hacerlo, porque cuando su esposo notaba que se

CAPÍTULO 5. DOMINANDO EL CUERPO Y ROMPIENDO PREJUICIOS 113

había puesto alguna prenda que él no había aprobado, los pleitos aumentaban.

Esa situación también le trajo conflictos con su propio cuerpo, pues no dejaba de criticarlo con frecuencia. Era como si buscara una justificación interna para explicarse por qué no usaba cierto tipo de ropa, de tal forma que era común escucharle frases como: "Las blusas con escote no se me ven bien, mi busto es pequeño y me veo ridícula" o "Si uso pantalones ajustados, mis piernas se ven muy feas, como arqueadas".

Por eso también abordamos las distintas inseguridades en ese aspecto, porque Elena había dejado de mirarse, de verse como una mujer hermosa y atlética. Cada vez que yo decía algo positivo de su físico, ella rompía en llanto: "Soy horrible, Adriana, era muy feliz cuando hacía ejercicio porque me gustaba mi cuerpo, pero ahora ya no".

Estaba harta de los cinco años que llevaba de matrimonio. No tenía hijos aún, pero las discusiones y la tensión con su pareja eran continuas. Y un día llegó al consultorio inconsolable. Apenas se recostó en el diván, me dijo: ";Me quiero divorciar, ya no puedo

El camino fue difícil. A veces Elena dudaba si era lo mejor y otras veces quería actuar por impulso. Sin embargo, después de varios meses de analizarlo, tomó la decisión consciente de concluir su matrimonio y solicitó el divorcio.

El proceso fue complicado y doloroso, pero una vez divorciada Elena empezó a modificar su vestimenta poco a poco. En ocasiones se mostraba insegura e incómoda, incluso llegaba a criticar su cuerpo duramente. Lo que en realidad ocurría era que estaba conociendo y aceptando su figura otra vez y, para eso, tenía que hacer las paces consigo misma. Acordamos que una buena manera de sobrellevar esa nueva etapa era dejar de juzgarse, pues había olvidado su físico desde hacía tanto que era normal no sentirse contenta con él. Le hice ver que adueñarse por completo de su cuerpo era solo cuestión de tiempo.

Elena logró reconciliarse con ella misma. Empezó a tratarse con amor y respeto y fue vistiendo su bella corporeidad a su manera. Si usaba poco maquillaje era porque así le gustaba. Empezó a practicar ciclismo de nuevo y su organismo cambió visiblemente. Se había adueñado de sí misma y comenzaba una nueva etapa de su vida en libertad.

LAS EXPECTATIVAS QUE RECAEN EN EL CUERPO

Venimos a este mundo dotados de un cuerpo, es nuestro vehículo para recorrer la vida. No importa su forma, color o tamaño, todos fuimos provistos de ese fiel compañero. Tu cuerpo siempre estará ahí para ti, en las buenas y en las malas, por lo tanto, merece que lo trates con amor y cuidado.

Sin embargo, en ocasiones y sin darnos cuenta, podemos afectarlo por querer cumplir con estereotipos sociales respecto a cómo debemos lucir físicamente o cómo relacionarnos con nuestro cuerpo. Por lo que me gustaría que hiciéramos una breve reflexión. Piensa en cómo vestían o se comportaban las mujeres de otras épocas, piensa en cómo vivían su sexualidad y en el tipo de cuerpo más valorado en ese entonces.

Por ejemplo, la Época Victoriana se caracterizó por ser altamente represora con las mujeres, pues además de considerar que su única función era casarse y dedicarse a las labores del hogar, también imponía un tipo de vestimenta que era perjudicial para su cuerpo.

Empezó a tratarse con amor y respeto.

De acuerdo con los estereotipos de la época, tener una cintura diminuta era lo ideal, por eso el uso del corsé era bien visto e incluso necesario para que la mujer fuera considerada respetable, sin importar que este causara una serie de problemas médicos, entre ellos dificultades para respirar. De tal forma que la ropa femenina llegaba a pesar hasta 15 kilos. Es decir, era bastante incómodo y hasta doloroso cargar con esos atuendos.

Otra de las represiones durante este periodo histórico tenía que ver con la sexualidad. Debido al puritanismo extremo que se vivía y a que la función del sexo era únicamente reproductiva, muchas mujeres comenzaron a padecer una enfermedad que caracterizó a la época y que tenía su origen en la insatisfacción sexual: la histeria. Quienes la padecían presentaban malestares físicos y emocionales: sufrían dolor de cabeza, de estómago o dolores musculares. Además, causaba irritabilidad y había quienes incluso llegaban a convulsionarse, todo ello sin que hubiera una causa aparente que ocasionara los síntomas.

El uso del corsé era bien visto e incluso necesario.

Mucho tiempo después se confirmó que era un padecimiento, solo que no estaba relacionado por causas físicas, sino psicológicas o emocionales y fue estudiada por muchos, entre ellos el padre del psicoanálisis, Sigmund Freud, quien la consideró una neurosis. Es decir, un estado de malestar emocional que se presenta durante un periodo de tiempo prolongado.

Ahora, quisiera que reflexionáramos acerca del cuerpo de los varones. Piensa cómo la sociedad les impone la fuerza física como su mayor atributo y cómo les exige que se muestren viriles ante todo. Su preocupación radica en sus genitales y su buen funcionamiento. Es decir, se inquietan por una parte de su cuerpo, no por la totalidad. Y aunque fuera un hecho que los hombres musculosos se consideraban atractivos, a ellos no se les exigía cumplir con este estereotipo al pie de la letra. Pues también se les valoraba y se les inculcaban características que no se relacionaban exclusivamente con lo físico, como la inteligencia, la habilidad artística, el liderazgo, la capacidad en los negocios, etc. Su cuerpo ha sido, hasta cierto punto, más libre.

En cada época se encuentra presente un modelo físico con el que tenemos que encajar: debemos ser muy delgadas, curvilíneas, con mucho busto, con operaciones, tonificadas, con vientre plano, sin marcas. En fin, la lista es extensa. Porque si nos situamos en el siglo actual, el modelo de cuerpo femenino es el de una mujer extremadamente delgada y tonificada.

No tienes idea de la frecuencia con la que escucho a amigas, pacientes, alumnas y familiares realizar críticas a su cuerpo: "Estoy gorda" o "Quiero tener más busto" o "Tengo celulitis" o "No me gustan mis estrías", más una larga lista de adjetivos que usan para descalificarse. Pero muchas no toman en cuenta el tipo de cuerpo que su genética les marca e intentan entrar en esa convención. Sobre todo en etapas vulnerables como la adolescencia, pues al encontrarse en la búsqueda de su identidad, las jovencitas se desviven por alcanzar lo que la sociedad determina como deseable.

Los medios de comunicación también juegan un papel importante en la difusión de estos modelos, pues a través de la publicidad, las películas o las series de televisión refuerzan la idea de que, por ejemplo, ser delgada, blanca y rubia es símbolo de felicidad y éxito.

Esto puede generar que muchas mujeres incluso lleguen a poner su vida en riesgo por conseguir el tan anhelado estándar de belleza. Por eso no es de extrañar que en este tiempo los trastornos de la conducta alimentaria, como la anorexia (no comer) o la bulimia (vomitar lo que se come), hayan ido en aumento.

Pero lo cierto es que estas creencias tan solo son una ilusión, ya que la felicidad no depende del tipo de cuerpo que tengas. Por desgracia, a las mujeres se les educa para sujetarse a los deseos de otros y a la importancia de agradarle a los demás, incluso aunque eso signifique desplazar sus propios deseos. Como si cargaran el mandamiento de ser perfectas: sin arrugas, sin estrías, sin fallas en la piel, como muñecas de plástico.

Pero a veces somos los padres quienes, de manera inconsciente, mandamos mensajes de este tipo a nuestras niñas y niños. Indirecta o directamente les decimos que lo que importa es la apariencia, que si son bonitas o guapos entonces merecen ser amados. Frases como: "Flaquita te ves más linda" o "Ya no comas, vas a engordar y nadie te va a querer así" refuerzan este tipo de ideas. Por eso, al crecer, los

> Les decimos a nuestros hijos que lo que importa es la apariencia.

pequeños lo asumen como verdades absolutas que intentan seguir para complacer a sus padres.

Si desde pequeños nos enseñaron a castigar nuestro cuerpo, a dejarlo sin comer, a no nutrirlo, a someterlo a constantes cirugías para que encaje en el modelo esperado, en vez de solo amarlo, es normal que nos la pasemos criticándolo y maltratándolo.

Cuida y respeta tu cuerpo, acéptalo como es. Comprende que los cuerpos son distintos y que no estamos hechos en serie como los maniquíes. Cada cuerpo es bello y está diseñado para funcionar de forma precisa y a ti te toca entrenarlo, pulirlo, alimentarlo y, sobre todo, amarlo.

Comienza por decirte cosas positivas acerca de tu cuerpo, deshazte de las críticas negativas. Reconoce cada una de las capacidades que tiene tu anatomía. Piensa en todo lo que hace por ti. Por ejemplo, puedes exaltar tus habilidades motrices diciéndote: "Mis piernas son muy fuertes" o "Soy muy ágil" o "Tengo una gran coordinación".

Sé amable contigo, sé tu mejor aliado y no tu peor enemigo. Cuídate y respétate siempre.

> Cuida y respeta tu cuerpo, acéptalo como es.

LA VERGÜENZA SOBRE EL CUERPO

Tal parece que las mujeres gastamos mucha energía mental pensando cómo luce nuestro cuerpo. Si nos vemos bien, si necesitamos tener más busto, un trasero prominente o menos estómago. Y, por si fuera poco, en pleno siglo XXI nos encontramos en la llamada era digital y tecnológica, donde se volvió común ver nuestro reflejo a través de una pantalla.

Nuestro cuerpo se ha convertido en una manifestación virtual de nosotros mismos y así existe dentro de las redes sociales.

Inclusive hoy en día puedes editar tus propias fotos y hacer tus ojos más grandes, poner más brillo a la imagen, usar filtros, quitar arrugas, adelgazar el cuerpo o aumentar la estatura. La cosa es lucir perfecta o perfecto, ¿lo has hecho?

Una posible explicación de este fenómeno es que así nos sentimos aceptados y creemos que les gustamos más a los demás, porque lucimos sin imperfecciones. Tomamos cada *like* como aliciente para nuestra autoestima, la cual muy probablemente se encuentre afectada al necesitar tanto reconocimiento externo.

Cuando estamos muy al pendiente de la aceptación de los demás en el mundo virtual, es normal que las distintas redes sociales estén repletas de imágenes de nuestro cuerpo editado. Sin embargo, esto puede llegar a generar que poco a poco nos lleguemos a sentir avergonzarnos de nuestro cuerpo real.

Tanto hombres como mujeres usamos las plataformas de esa forma, sin embargo, de acuerdo con las más recientes estadísticas, son las mujeres quienes postean más fotos de su físico en redes sociales, sobre todo las más jóvenes. Lo que las lleva a exponerse diariamente a la crítica voraz de un público anónimo que opina al otro lado de la pantalla y juzga cualquier defecto por mínimo que sea: "Qué gorda se ve Fulanita" o "Tal artista tiene celulitis" o "Está muy plana".

Todos esos comentarios pueden provocar que no se acepten tal cual son y que se sientan inseguras con su cuerpo real. Algunas, como fue el caso de Elena, pueden incluso cubrirlo por completo para esconder lo que consideran imperfecciones. Y otras tantas apuestan por dietas que prometen bajar rápidamente de peso, pero no precisamente para estar más sanas, sino para encajar en los estándares de belleza impuestos.

Muchas mujeres deportistas que salen de este modelo, ya sea porque su masa corporal excede o es inferior al canon, han sido duramente juzgadas en redes sociales porque, se dice, su tipo de cuerpo es similar al de los hombres. Como en el caso de la tenista Serena Williams o la exvelocista mexicana Ana Gabriela Guevara. Lo que deja entrever que a muchos no les interesa su talento, si ganaron una medalla olímpica o algún campeonato mundial, solo les importa cómo lucen.

Una forma de apoyarnos entre todos es dejar de criticar el cuerpo de los otros y dejar de pensar que las mujeres somos valiosas por la apariencia física.

Mirarnos más allá del cuerpo nos permite saber que somos importantes como seres humanos y que nuestros talentos no dependen de una imagen ni de ninguna validación virtual mediante un *like*.

DOMINANDO EL CUERPO

Me gusta mucho la famosa frase "mente sana en cuerpo sano", ya que todo lo que pensamos repercute en

> Mirarnos más allá del cuerpo nos permite saber que somos importantes.

nuestro organismo e incluso podemos enfermarnos por un mal manejo del estrés o de nuestras emociones.

¿Te ha pasado que al sentirte preocupado por algo comienza a dolerte la cabeza? ¿O al vivir en constante enojo sientes dolor de estómago? Estos son claros ejemplos de la influencia directa de nuestra mente en el cuerpo. Pero no todo es negativo, ya que esa misma mente puede potencializar las capacidades físicas y la buena salud.

Los Juegos Olímpicos son un reflejo de cómo los deportistas pueden alcanzar cosas que parecen imposibles. Pues aun cuando muchas veces se sientan desfallecer del cansancio, su mente ordena a sus cuerpos continuar y seguir venciendo obstáculos. De ahí que un primer compromiso que podemos tener con nosotros mismos es dominar la mente para así dominar el cuerpo.

Nuestra mente se encuentra llena de pensamientos diversos, entre los que podemos encontrar dos tipos.

> Un primer compromiso es dominar la mente para así dominar el cuerpo.

1. Los pensamientos limitantes

   Son aquellos que, como su nombre lo indica, no te dejan alcanzar tus metas, están llenos de prejuicios y mitos, te hacen dudar de tus capacidades y corresponden a esa voz que te dice: "Vas a fallar" o "No puedes hacerlo" o "Te ves espantosa".

2. Los pensamientos adecuados

Son aquellos que te dan impulso para seguir adelante. No se trata únicamente de una frase positiva, sino de que, a pesar de sentir miedo o duda, te impulsan a seguir luchando por lo que quieres. Son una pequeña palmadita en tu espalda que dice: "Vamos" o "Esta vez lo harás mejor" o "Soy buena en lo que hago".

Lo complejo de este asunto es que estos pensamientos se encuentran mezclados, así que tenemos que aprender a identificarlos. De esa forma podremos quedarnos con los pensamientos adecuados que nos permitan potencializar nuestras capacidades.

Dentro de los pensamientos limitantes encontramos los mitos referentes a los cuerpos de hombres y mujeres. Me refiero a los que nos hacen creer que no tenemos el control total del cuerpo, lo que dificulta el empoderamiento de nuestro físico. Estos mitos se presentan en tres aspectos.

ASPECTOS BIOLÓGICOS	ASPECTOS SOCIOCULTURALES	ASPECTOS INSTITUCIONALES

Comencemos con los biológicos. Se ha considerado que los hombres son más fuertes físicamente que las mujeres y que, debido a la testosterona, pueden desarrollar una mayor masa muscular. Sin embargo, no todos son musculosos y atléticos, aun con esa condición biológica. Además, hay mujeres con masa muscular que supera a la de muchos hombres.

En el caso de los varones, se les demanda que sus movimientos sean bruscos y fuertes, porque si son delicados se puede dudar de su virilidad. Muchos pasarán horas en el gimnasio para que sus músculos crezcan, pues desean cumplir con el rol del sexo fuerte que la sociedad determina.

Con relación a la mujer, por el contrario, se dice que pertenecemos al sexo débil y que nos caracteriza una supuesta fragilidad física. Pues desde épocas remotas se tuvo la falsa creencia de que nuestro cuerpo era delicado, en parte debido al periodo menstrual, que se pensaba que nos limitaba.

En siglos pasados, no era bien visto que la mujer ejercitara su cuerpo, ya que podía afectar la maternidad. Es decir, se daba por hecho que la procreación era la meta femenina. Así que no se las consideraba para participar en actividades físicas o atléticas, como en los Juegos Olímpicos, los cuales iniciaron en el año 776 a. C. con las mujeres solo como espectadoras.

Fue hasta el año de 1900, en las Olimpiadas celebradas en París, donde participaron por primera vez, aunque en un porcentaje bastante menor: de un total de 1225 atletas, solo 19 eran chicas. Mucho se ha avanzado en ese sentido y, de hecho, en la actualidad existe una participación de las mujeres del 49% en este evento deportivo. Aunque claro que se tiene que seguir trabajando aún para conseguir mayor apoyo en el deporte femenil.

El cuerpo de la mujer es poderoso, no solo porque puede dar vida, sino porque, además de tolerar la dificultad y el dolor del parto, puede realizar con él cualquier cosa: levantar pesas, practicar box o bailar ballet. Y poner nuestro cuerpo en movimiento

El cuerpo de la mujer es poderoso.

proporciona una sensación de libertad, como cuando Elena comenzó a practicar ciclismo y se adueñó de sí misma.

Ahora, me gustaría revisar los pensamientos limitantes en el aspecto sociocultural. Aquí encontramos el rol de género, que es de los más complejos y arraigados en nuestra mente, como lo hemos ido descubriendo en capítulos anteriores.

En este sentido, se busca encasillar a la mujer dentro de la pasividad: que no se mueva, que no realice actividades muy toscas, es decir, que no imite o haga lo que hace un hombre con su cuerpo, como correr, brincar, trepar, patear un balón o practicar deportes de contacto, porque eso las masculiniza.

A pesar de lo ilógico que pueden parecer estas creencias, lo verdaderamente complejo de toda esta situación es que muchas mujeres realmente están convencidas de ello. De que su cuerpo es débil o de que no pueden ser activas y dueñas de su corporalidad.

Seamos cuidadoso con los comentarios que hacemos a nuestros hijos.

Si la tenista Charlotte Cooper hubiera hecho caso a esos pensamientos limitantes, jamás se hubiera convertido en la primera mujer campeona olímpica en los Juegos Olímpicos de París en 1900.

Para derribar este pensamiento sociocultural, cuidemos los comentarios que hacemos a nuestros hijos e hijas. Muchas veces, aunque no sea nuestra intención obstaculizarlos, nuestras propias creencias pueden hacerlo. Así que te invito a revisar lo que piensas acerca del cuerpo de mujeres y hombres.

En mi experiencia profesional, me he percatado de pensamientos limitantes socioculturales de varios padres o maestros en torno a la práctica deportiva de las chicas. Aquí te dejo algunas de esas frases de las que he sido testigo:

- "Me gustaba jugar fútbol, mi mamá me daba permiso de salir con los niños, pero en cuanto veía que mi papá llegaba, corría a mi casa para que no se diera cuenta". (Mujer futbolista).
- "Estás muy chiquita para ese deporte tan rudo, te van a lastimar, ¿por qué no mejor haces ballet?". (Padre a su hija que practicaba tae kwon do).
- "Ese deporte es para machorras, no te vayan a gustar las mujeres". (Madre a su hija que practicaba box).

- "Todas las niñas salgan de la cancha, van a jugar fútbol sus compañeros". (Maestro de Educación Física a alumnas de secundaria).

Como sociedad, tenemos la gran misión de ser más incluyentes, cuidar lo que pensamos y llenarnos de pensamientos adecuados que no estén influenciados por estereotipos o ideas simplistas. Debemos demoler los muros mentales y potencializar la perspectiva del ser humano.

Justo así llego al último aspecto que trae pensamientos limitantes. Me refiero a nuestras instituciones, es decir, la familia, la escuela, los organismos gubernamentales, entre otros. Su papel es una piedra angular para erradicar pensamientos innecesarios hacia la corporalidad de hombres y mujeres porque, al reproducirlos, estas instituciones les dan legitimidad y, por lo tanto, importancia. En la medida que en esos espacios dejen de difundir ideas limitantes será más sencillo cuestionar y eliminar esos pensamientos que nos encasillan en roles de género.

Las dificultades para dominar el cuerpo son diversas y complejas para ambos sexos. Sin embargo, a pesar de todo, las mujeres hemos venido ganando terreno y mostrando al mundo que podemos realizar cualquier tipo de disciplina deportiva, incluidas aquellas que se consideraban "exclusivas de los hombres", como el fútbol o el americano.

Es labor de todos dejar de usar frases que devalúan a la mujer, como: "Corres como niña" o "Pegas como vieja". Por ello, el papel de nuestras instituciones es fundamental para que nos adueñemos del cuerpo.

A través de estas, las mujeres tienen acceso a mejores oportunidades para desarrollarse y sentirse valiosas. Al vencer y cambiar los pensamientos limitantes en los aspectos descritos, fortalecemos la mente y, por ende, el cuerpo. Y dominar nuestro cuerpo también consiste en dominar lo que pensamos.

> Es labor de
> todos dejar
> de usar frases
> que devalúan
> a la mujer.

CONSTRUYENDO
TU PODER

Recuéstate en un lugar cómodo, respira repetidas veces y cierra tus ojos. Comienza a visualizar tu cuerpo desde la punta de los dedos de tus pies hasta las puntas del cabello. No omitas ninguna parte. Poco a poco, sin prisa, ponte a escuchar lo que tu cuerpo tiene que decirte. ¿Detectas qué parte te duele o se enferma más seguido? ¿Qué emoción sientes al visualizar esa parte? Coloca tus manos ahí y deja salir la emoción que sientes. Si te duele la cabeza, el estómago, la espalda, el cuello o alguna otra zona, repite el siguiente texto. Si lo deseas, puedes transcribirlo.

COMPROMISO CON MI CUERPO

Querido cuerpo, entiendo que sin querer te he dañado.

Cada vez que estoy _____

[ejemplo: enojado, triste] sales en mi defensa,

aunque eso implique dolor para ti.

Te ofrezco una disculpa por los insultos, como al decirte _____

[ejemplo: gorda, feo, flaco], cuando en realidad solo eres el reflejo de cómo te trato.

Gracias por no dejarme solo(a) cuando siento que ya no puedo más, prometo que a partir de hoy cuidaré más de ti, porque estaremos juntos siempre.

Ahora toma una hoja y divídela a la mitad, del lado izquierdo escribe "Pensamientos limitantes" y, del lado derecho, "Pensamientos adecuados". Como vimos en el capítulo, estos se refieren a tu cuerpo y sus capacidades. Escribe cinco pensamientos que consideras que te han limitado corporalmente y que no permiten que te sientas cómodo con tu físico. Una vez que los identifiques, escribe frente a cada uno un pensamiento adecuado. Puedes guiarte por este ejemplo.

PENSAMIENTO LIMITANTE	PENSAMIENTO ADECUADO
Si no adelgazo, nadie me va a querer.	Soy valioso(a), me amo y cuidaré de mi cuerpo para que esté sano y fuerte.

¡Cuida tu cuerpo y hónralo, es tuyo y de nadie más, te pertenece, así que dale lo mejor de ti!

"" **DOMINAR NUESTRO CUERPO TAMBIÉN CONSISTE EN DOMINAR LO QUE PENSAMOS.** ""

CAPÍTULO

6

ENTRE EL AMOR, EL DESEO Y EL DOLOR

"Ya no mujer joven sino mujer rotunda. Mis deseos ya no intuiciones sino certezas".

Gioconda Belli

HISTORIAS
DEL DIVÁN

Marcela y Pedro llevaban 30 años de matrimonio y tenían tres hijos adultos: dos se habían casado, mientras que el menor estaba por concluir el último semestre en la universidad y vivía aún con ellos. En su primera visita a mi consultorio les pregunté por qué habían decidido tomar terapia de pareja y, de inmediato, con los ojos llorosos y la voz entrecortada, Marcela se dirigió a su esposo: "¡A ver, dile a la psicoanalista qué fue lo que hiciste!".

La situación era incómoda. Pedro miraba el piso, hasta que levantó la cara y respondió: "Mi mujer vio unos mensajes en mi celular y malinterpretó las cosas. Una señora me escribió para pedirme un favor y solo se trataba de trabajo, pero ¡Marcela no entiende!".

Ella estaba muy exaltada, lloraba y subía cada vez más el tono de voz. Él permanecía tranquilo, no mostraba emoción alguna ante el reclamo de su esposa, aunque se percibía estresado.

La realidad era que Pedro sí había sido infiel. Al principio lo había negado, pero después no tuvo más remedio que aceptarlo y, pese a lo difícil de la situación, ambos querían rescatar su matrimonio. Como pareja había mucho que trabajar, mucho que perdonar y mucho que reclamar.

Ella mencionaba que durante toda su relación había aguantado situaciones con las que no estaba de acuerdo, desde el gusto excesivo que Pedro tenía por la bebida hasta el hecho de no cooperar con las labores de la casa. Además, Marcela se sentía frustrada porque había sacrificado el ejercicio de su profesión por cuidar a los hijos.

Estaba muy lastimada. Incluso el cabello se le estaba cayendo del estrés y empezaba a presentar síntomas de ansiedad. A mí me daba la impresión de que su esposo no asimilaba lo que estaba pasando. Asistía a la terapia de buena manera, aunque seguía en un estado de aplanamiento afectivo. Es decir, no mostraba emoción alguna, ni tristeza ni enojo, se mantenía hasta cierto punto ausente, mientras Marcela se desbordaba de dolor.

Pedro había recibido una educación muy tradicional. Reconocía que se había equivocado, pero no veía su infidelidad como algo grave. Incluso parecía insinuar que su esposa debía perdonarlo, porque llegó a mencionar que su papá también había tenido una relación extramarital y que su madre lo disculpó.

Marcela no daba crédito a lo que escuchaba y constantemente mencionaba la frase: "¡Sacrifiqué todo por ti, te di los mejores años de mi vida, siempre fuiste un egoísta, pero creí que ibas a cambiar por todo el amor que siempre te tuve!".

En una ocasión le pregunté a Pedro: "¿Qué sientes al ver a tu esposa tan lastimada emocionalmente? Me doy cuenta de que cuando ella llora tú no la miras ni dices nada".

"No sé qué sentir, Adriana", respondió y, por primera vez, volteó a ver a su esposa y le dijo: "Perdóname, no quería hacerte daño". Y se soltó a llorar. Marcela no esperaba esa reacción, nunca había visto así a Pedro y, a partir de ese momento, las cosas empezaron a modificarse. Pudieron hablar con mayor tranquilidad y él le pidió a su pareja una oportunidad para reparar su falla al compromiso matrimonial.

Marcela accedió a darle esa oportunidad, aunque también le pidió a cambio ciertas cosas. Le dijo que deseaba tener relaciones sexuales con mayor frecuencia y no solo cuando él tuviera deseo, sino cuando ella también quisiera. Además, iba volver a trabajar. Quería poner un negocio de comida en un mercado porque le apasionaba cocinar, era muy buena en eso y necesitaba el apoyo de su marido para poder repartirse las responsabilidades del hogar.

Al escuchar las peticiones de Marcela, pensé en todo lo que esta mujer había dejado de lado para cubrir un rol de esposa y madre impuesto por la sociedad, la cultura y las instituciones. Afortunada o desafortunadamente, esa crisis matrimonial le sirvió para conectarse de nuevo con sus deseos y necesidades como persona. Y el matrimonio pudo salir adelante.

AMORES Y DESAMORES

El amor es la fuerza que mueve al mundo y, también, es el sentimiento más profundo del que somos capaces los seres humanos. Inspira a los artistas a componer canciones, a los escritores a realizar poemas hermosos, a los pintores a crear obras maestras y a los seres humanos a dar lo mejor de sí mismos.

Hay quienes consideran que el amor se encuentra en una pareja, en un hijo, en un familiar o amigo y, de alguna manera, es cierto. Sin embargo, no podemos olvidar que el amor empieza en uno mismo, para después compartirlo con el otro. Si no se logra, se puede suscitar una serie de situaciones lastimosas en nombre de lo que creemos que es amor.

Entonces, ¿qué implica amarnos? Significa cuidarnos, tanto física como mentalmente. Es comprender lo valioso que hay en nosotros y evitar acciones que nos dañen de forma interna o externa.

A nivel físico podemos demostrarnos amor cuando nos alimentamos de forma saludable, ejercitamos nuestro cuerpo y tenemos una higiene adecuada sin abusar

> El amor empieza en uno mismo y significa cuidarnos.

de nuestro organismo, lo que implicaría exagerar en el consumo de alcohol o drogas, o bien, generarnos auto-lesiones o cualquier otra cosa que dañe nuestra salud en general. Aquí la importancia radica en tratar a nuestro cuerpo con respeto.

Por otro lado, amarnos a nivel mental implica reconocer las cualidades y habilidades que se poseen, es decir, ver nuestros defectos o puntos vulnerables para trabajar en ellos. Así como también expresar nuestras emociones en congruencia con lo que sentimos. La idea principal es que si nos sentimos tristes nos permitamos llorar o tener baja energía.

A primera vista, pareciera sencillo poder expresar las emociones. Aunque en este punto las cuestiones de género desempeñan un papel fundamental en la expresión de los afectos, tanto para hombres como para mujeres.

A muchos varones se les dificulta mostrarse tristes o vulnerables, porque pueden creer que son débiles, ya que a través de los años se les ha educado para guardar sus sentimientos, mencionándoles frases como: "Los hombres no lloran"

> La importancia radica en tratar a nuestro cuerpo con respeto.

o "No seas niña, aguántate". Esto envía el mensaje de que ciertas emociones o sentimientos son exclusivas de un solo género.

En el otro caso, aunque socialmente es aceptado que la mujer llore o esté triste, parece que otras emociones no son bien vistas, como el enojo, la determinación o el deseo sexual, ya que, según ciertos estereotipos, no es el comportamiento que las mujeres decentes y prudentes deben tener.

Con lo anterior se puede observar que no existen emociones femeninas o emociones masculinas, ya que las afectividades no tienen género. Son parte de lo humano y nos sirven para hacerle frente a las experiencias mundanas, es decir, a todo lo que vamos viviendo y percibiendo en nuestro paso por las distintas etapas del desarrollo.

En resumen, se podría decir que el amor a uno mismo se conforma por los siguientes pilares: respeto, congruencia, autoconocimiento y reciprocidad. Estos sirven para sostenernos aún en las situaciones más adversas.

Por eso se dice que para amar a alguien más, primero te tienes que amar a ti. Sin embargo, aunque el amor mueve el universo, ya que es el representante de la vida, de la construcción, del crecimiento, del altruismo, entre tantas cosas más, existe también el desamor, que es su ausencia y que está plagado de desilusiones y sufrimientos intensos, ocasionados por la pérdida de un objeto amoroso.

La mayoría de las veces asociamos el desamor con la ruptura de una relación de pareja, pero también aparece cuando no nos damos suficiente cariño, nos sentimos abandonados y nos dejamos en segundo plano. Para poder superarlo debemos enfrentarnos de alguna manera a un duelo, poniendo en juego incluso nuestra autoestima, ya que la persona con desamor puede llegar a dudar de sí misma y de su valía.

Hay ocasiones en que a las mujeres se nos enseña a vivir en sufrimiento y a sacrificarnos por los otros, aunque eso sea atentar contra el amor propio y soportar maltratos por miedo a la soledad. Seguramente has escuchado en algún momento que las madres están para sufrir por los hijos, es decir, que tienen que dar todo por ellos y que eso está bien porque las hace mejores mujeres.

Pero este tipo de aseveraciones son engaños para su autoestima, ya que terminan suponiendo que cuando se sacrifican por otras personas, sean los hijos, el esposo o cualquier otro familiar, será considerada una mujer valiosa, excelente esposa o una gran mamá. Así, existen mujeres que se han alejado de sus sueños, deseos y bienestar, pues consideraron que ser de otros era su misión en la vida. Lo cual representa un signo de desamor, no de amor.

De ahí que amar a alguien no signifique que tienes que sacrificarte y permitir maltratos, porque el amor hacia ti te ayudará a alejarte de aquellos que intenten poner en duda tu valor.

Una buena manera de empezar a modificar este tipo de ideas es que disfrutes los momentos de estar a solas, de hacer algo para ti por mínimo que sea. Puedes realizar actividades que te proporcionen bienestar y así tener momentos placenteros contigo mismo, comprendiendo que el amor no implica dolor ni sometimiento.

La humanidad necesita que las mujeres y los hombres se quieran primero a sí mismos, porque entre más nos amemos, más amor daremos a los demás.

> Amar a alguien no significa que tienes que sacrificarte y permitir maltratos.

¿QUÉ QUIERE LA MUJER?

"Nadie entiende a las mujeres, son muy complicadas" o "No se les da gusto con nada" o "Parece que son de otro planeta" o "De todo arman un lío" son algunas de las frases que he escuchado de ciertos varones en el consultorio y en otros lados. De ellas se desprende que no sabemos lo que queremos o que somos muy cambiantes. Incluso el mismo padre del psicoanálisis se preguntaba: "¿Qué quiere la mujer?".

Esta pregunta va más allá de los deseos tangibles que una joven, niña, adulta o anciana puedan tener. Se trata, más bien, de todo a lo que nos hemos enfrentado como género no privilegiado en muchas áreas, por no decir que en la mayoría. Desde tener las mismas oportunidades en los trabajos, decidir si se quiere o no experimentar la maternidad sin que eso sea un conflicto, o bien, practicar el deporte que se desee sin ser considerada poco femenina.

Por desgracia, fuimos educadas por hombres y mujeres que, a su vez, fueron educados por hombres

Quizá nos enseñamos a no saber qué queremos.

y mujeres que les fueron legando estos pensamientos limitantes. En ellos se anteponía complacer y servir a los demás, lo que dejaba en un segundo o tercer plano las propias necesidades.

Mucho tiene que ver el contexto histórico, es decir, las necesidades que se tenían y lo que se vivía en una determinada época. A la mujer se le asignaba el rol de cuidadora, confinada a la vida privada, ya que el hombre salía a trabajar y era el proveedor absoluto. Complacer y servir a los demás era parte de las funciones asignadas a nuestro género y ello se transmitió de una generación a otra, normalizándolo.

Por eso quizá nos enseñamos a no saber qué es lo que queremos, a no pensar en ello, pues no se nos solía preguntar qué nos gustaba, qué queríamos o qué pensábamos. Se daban por sentadas nuestras necesidades y nuestros roles.

En el plano sexual, era mal visto si tomábamos la iniciativa o si sabíamos de más, porque se creía que eran los hombres los que enseñaban a las mujeres a tener relaciones sexuales. Y justo a eso se refería Freud cuando se dio cuenta de que, al no tener relaciones sexuales placenteras, muchas mujeres empezaban a tener síntomas físicos diversos que la medicina no podía explicar. Dolores de cabeza sin una aparente causa que los provocara, parálisis de ciertas partes del cuerpo, ceguera, entre otros síntomas que, como ya vimos, se atribuían a la famosa histeria.

Con todo esto no estoy intentando generar polémica o confrontamiento entre hombres y mujeres, sino hacer un llamado a que podamos entendernos. De entrada, podríamos dejar de lado los prejuicios para ambos géneros: ni los hombres son el sexo fuerte que no debe mostrar sus emociones ni las mujeres somos débiles y sensibles.

No hay un sexo superior a otro y todos tenemos virtudes propias, por lo que es imprescindible comenzar a generar relaciones interpersonales, laborales, sexuales, entre otras, en términos de igualdad y equidad. Esto traerá como consecuencia una mejora en la salud mental de todos.

Ahora bien, que otros decidan lo que te toca resolver, ya sea como persona o como mujer, es hasta cierto punto cómodo, pues la responsabilidad del acto caerá en quien tomó la decisión. Entonces podrías salir librada de las consecuencias, permaneciendo en una zona de confort en la que obedeces y no decides.

Por otro lado, hay quienes no dicen lo que piensan o sienten, ya que consideran que los otros deben adivinarlo. Ante esto hay que ser cuidadosos, puesto que si no expresamos nuestros deseos, a los demás no les corresponde saberlo.

¿Qué quiere la mujer? ¿Qué quiere el hombre? La respuesta no la tengo yo, la tienes tú. A cada uno nos corresponde comenzar a reconocer y hacer valer nuestros deseos, pero también a ser responsables con nuestras decisiones, aceptando las consecuencias de nuestros actos.

DOLOR Y SUFRIMIENTO FEMENINO

La historia de Marcela ayuda a ejemplificar el mundo del dolor y sacrificio, tan común en nuestro género. Sobre todo esta forma errónea de sentirnos apreciadas al considerar que entre más aguantemos maltratos o nos dediquemos a los demás, nuestras vidas tendrán sentido al cumplir con expectativas que se nos imponen.

> No hay un sexo superior a otro y todos tenemos virtudes propias.

A veces, sin darnos cuenta, utilizamos frases en nuestro discurso que podrían fomentar la creencia de que el dolor y el sufrimiento son parte de ser mujer. Por lo demás, mencionarlas a menudo es una forma de aceptarlas y normalizarlas. En México, por ejemplo, hay muchas frases que lo reafirman: "Esa mujer es una santa, cómo aguanta a su marido" o "Las madres venimos al mundo a sufrir por los hijos". Incluso la misma frase que Marcela mencionaba en sesión, cuando esperaba que su esposo Pedro valorara su sufrimiento, serviría como ejemplo: "Sacrifiqué todo por ti y por mis hijos".

La sociedad suele ser exigente con los roles de género, por lo que de la mujer se sigue esperando que soporte más el dolor, casi como si fuera un deber. El conflicto central de este planteamiento que se nos entrega a nivel inconsciente es que sufrir está bien, lo que promueve hasta rasgos masoquistas, es decir, aspectos donde se encuentra presente un cierto disfrute ante el dolor o el tormento.

> De la mujer se sigue esperando que soporte más el dolor, casi como un deber.

En el consultorio he tenido pacientes que manifiestan

sentirse sumamente culpables al poner un alto a ciertos abusos en su contra, porque no hacen lo que la sociedad espera de ellos. Pero lo que más he observado es la culpa que se presenta en las mujeres cuando disfrutan la soledad y se encuentran sin marido, sin hijos, sin nadie más. Cuando están ellas con sus amigas, con sus deseos, con su profesión.

Esto da la impresión de que lo femenino se encuentra asociado a la aflicción y que las mujeres parecen aceptar que ese es su destino. Pero ¿por qué alguien aceptaría sufrir? En psicoanálisis se dice que, aunque parezca absurdo, en la aceptación del sufrimiento o el maltrato la persona siempre obtiene una ganancia secundaria.

Tal vez puedas estar pensando: ¿cómo alguien tendría una ganancia al sufrir? Pues bien, sí suena extraño, porque esa ganancia se presenta de manera inconsciente, es decir, la persona no la detecta a simple vista. Pero en lo profundo de su mente está claramente identificada. De ahí que se le denomine secundaria.

Si la persona no obtuviera una ganancia, no aceptaría el sufrimiento. Y este es el principio del placer. Pero para que quede más claro te dejo el siguiente ejemplo. Al preguntarle a una mujer que tolera estar casada con una persona que la insulta, somete y constantemente minimiza: "¿Por qué no lo dejas o te divorcias?", seguramente pueda responder: "Es mi cruz y tengo que aguantar por mis hijos" o "Porque no es bien visto el divorcio".

Mientras tanto, las personas de su círculo cercano quizá la tratan con mayor consideración y la compadecen: "Pobre, ella es muy buena" o "Qué gran mujer, siempre sacrificándose por sus hijos" o "Es una madre maravillosa". Incluso su misma pareja podría expresar: "Ella es tan buena, no sé cómo me soporta".

Todas estas frases muestran la ganancia secundaria. Aguantar, transigir y tolerar le otorgan privilegio ante los otros, ya que ella es mejor que quien la está lastimando. Y esto es, a la vez, una forma de resguardar su autoestima. Por ello, muchas mujeres llegan a sacrificar su calidad de vida martirizándose ante las demandas personales de los otros.

La ganancia secundaria es diferente para cada persona. Para unas puede ser obtener la compasión de los otros, pero para otras, ganar compañía. Por eso es complicado identificarla. Pero si no existiera no se aguantaría tanto el maltrato. Cada individuo, en un análisis personal, mediante el acompañamiento de un profesional, podría identificar cuáles son sus ganancias al permanecer en un estado de martirio.

Justo este autoconocimiento nos da poder, como ya lo he descrito anteriormente. Conocernos nos ofrece la posibilidad de cambiar aquello que nos lastima y aquello que no podemos dejar de repetir, ya que al hacer consciente lo inconsciente las decisiones se vuelven más asertivas y ya no se basan en impulsos.

Ser mujer es complejo, a veces duele, pero también es maravilloso darnos cuenta de todo lo que somos capaces de realizar.

> Conocernos nos ofrece cambiar lo que nos lastima.

CONSTRUYENDO
TU PODER

Ahora me gustaría que siguieras autoconociéndote en este complejo tema del amor, el deseo y el dolor.

1. ¿Cuál es tu definición del amor? Después de leer este capítulo, ¿ha cambiado? Si cambió, escribe tu nueva definición en una hoja suelta o en tu libreta.

2. Detecta qué te hace falta trabajar a nivel físico y a nivel emocional para acrecentar tu amor propio. Y comienza a realizar pequeñas acciones que impliquen cuidado personal. Por ejemplo, a nivel físico, comienza a ejercitarte y a eliminar de tu dieta la comida chatarra, mientras que, a nivel emocional, no olvides decirte cada día que eres un ser humano valioso.

3. ¿Y tú qué quieres? Te toca responder esta interrogante. Atrévete y escribe todos tus deseos.

Puede ser en una hoja suelta, en tu libreta o en una cartulina. No importa que parezcan imposibles. Plasma todo lo que anhelas, lo que te gusta y que te hace feliz. No les des un orden, escríbelos como vengan a tu cabeza, con distintos colores y tamaños de letra. Hasta puedes hacer un *collage* con ellos y que sea una especie de obra maestra que quede como un hermoso cuadro que comenzarás a hacer realidad poco a poco. Por eso necesitas saber qué es lo que quiere y necesita una mujer o un hombre como tú.

4. Por último, te invito a reflexionar respecto a tus ganancias segundarias cuando en algún momento permitiste que alguien te maltratara. Quizá sea momento de buscar ayuda y poner límites a tu sufrimiento.

CAPÍTULO

7

LA MATERNIDAD EN LA MUJER

"La maternidad es la más importante de todas las profesiones. Exige más conocimientos que cualquier otro asunto relacionado con el hombre".

Elizabeth Cady Stanton

HISTORIAS
DEL DIVÁN

Renata, una de mis pacientes, tiene una licenciatura en Administración de Empresas y un máster en Negocios. Con su esposo Jaime buscaba embarazarse, pero no lo conseguía. Él tenía la misma profesión que ella y ejercía como administrador, aunque cabe mencionar que Renata era más sobresaliente en lo laboral. Incluso, en ocasiones, su excelente rendimiento despertaba en su esposo celos profesionales.

El anhelado momento llegó. Renata tuvo un retraso en su periodo menstrual y, al hacerse una prueba de embarazo, las dos líneas se pintaron de color, confirmándole que pronto sería mamá.

Estaba feliz contándome los detalles en terapia, pues todo salió conforme a lo esperado. Y así, en la semana 40, parió a una niña sana y fuerte. Su incapacidad por maternidad en el trabajo era de 98 días, pero tenía la alternativa de tomarse las últimas semanas previas a dar a luz y las restantes al nacer el bebé.

Pasó el tiempo y el momento de retomar sus actividades profesionales llegó. Pero Renata comenzó a cuestionarse si lo correcto era regresar a su trabajo que tanto disfrutaba, pues implicaba dejar a su nena al cuidado de otra persona, debido a que su esposo también laboraba.

Finalmente, con un gran sentimiento de culpa, la madre primeriza regresó a la oficina a cumplir con sus actividades, encomendando a la recién nacida con su abuela. Pero, poco a poco, el empleo se volvió más demandante, ya que estaba luchando por un ascenso que la beneficiaría económicamente.

Notaba su cansancio cada vez que llegaba a terapia diciéndome que estaba teniendo problemas con su marido. A él no le parecía que ella se ausentara tanto de la casa por cumplir horas extras en su empresa.

Finalmente, debido a su buen rendimiento, Renata ascendió a un cargo mayor con ingresos superiores a los de su esposo, lo que provocó otro motivo de discusión entre ellos. Jaime sentía que ahora ella estaba asumiendo el rol de proveedora, cuando él consideraba que tradicionalmente le correspondía como hombre. Y, por si fuera poco, ahora él tenía que desempeñar algunas actividades del hogar y se quejaba constantemente de que eso no le correspondía, pues era cosa de mujeres.

La terapia continuó por varios años y mi paciente siguió creciendo profesionalmente, aunque el matrimonio se comenzó a deteriorar. Existían celos profesionales, reclamos constantes y daba la impresión de que se encontraban en una lucha de poder, porque los roles habían cambiado.

El éxito de Renata era contundente y recibió una propuesta para trabajar en el extranjero. La empresa le asignaba una casa donde podía vivir con su familia, además de un incremento salarial. Lo habló con Jaime y decidieron mudarse. Él momentáneamente se quedaría al cuidado de su hija y realizaría las labores del hogar, mientras conseguía un trabajo.

Mantuvimos la terapia a distancia, pero era difícil coincidir en los tiempos por la diferencia de horarios con el país donde radicaba. Más tarde, me contó que había tomado la difícil decisión de divorciarse, ya que la relación de pareja era insostenible.

Dejamos de tener contacto por un tiempo, aunque un día recibí un mensaje de ella diciéndome que su esposo había comenzado a asistir a terapia psicológica y estaban intentando rescatar su relación.

Ser madre había sido un sueño hecho realidad, pero no era lo único que esta mujer deseaba. Tenía sus propios proyectos profesionales por los cuales luchar. Y decidió dar ese ejemplo a su pequeña hija: una mujer no solo se dedica al cuidado de los hijos y la crianza es compartida entre los padres.

LA IMPORTANCIA DE LA MADRE

No cabe duda de que la madre suele ser el miembro de la familia más venerado, sobre todo en América Latina y especialmente en México. No es casualidad que el peor insulto sea que alguien agreda a nuestra progenitora.

Probablemente en algún momento hemos escuchado o dicho frases como: "Madre solo hay una" o "Mi madrecita santa" o "El amor de la madre lo aguanta todo". ¿Sabías que el 10 de mayo, Día de la Madre en México, es la celebración más festejada después de Navidad en el país?

La madre se ha vuelto una especie de mito. Desde llegar a considerarla un ser omnipotente y creer que lo puede todo, hasta suponer que todas las madres aman a sus hijos incondicionalmente, cuando hay muchas que los rechazan y maltratan. También existe la creencia de la abnegación absoluta y del sacrificio materno, en el que primero se cubren las necesidades de los otros antes que las suyas.

Se podría decir que hasta existe un culto a la madre en la cultura popular. Los mitos recolectan aspectos reales mezclados con creencias y hay algunos que encasillan y generalizan los roles o funciones de la mujer/madre. Con ellos, también se encubren aspectos negativos o contradictorios, pues podemos encontrarnos a madres agotadas, hartas, golpeadoras, ambivalentes, culposas, inseguras, competitivas o deprimidas.

Da la impresión de que ser madre corresponde a una parte muy importante de la realización personal de la mujer, lo que condena a muchas que biológicamente no pueden tener hijos a sentirse devaluadas.

Esas mujeres con problemas de fertilidad, jóvenes y adultas, padecen serias alteraciones a nivel emocional. Su autoestima se ve afectada al considerar que algo malo pasa con ellas, presentan miedo al abandono o fantasías recurrentes de infidelidad de sus parejas con mujeres que sí puedan darles hijos. Además, los sentimientos de envidia y celos hacia aquellas a las que consideran privilegiadas por ser mamás hacen de su vida un tormento.

Pensar la maternidad como algo natural provoca que no sea reconocido el alto costo personal que supone para las mujeres. Esto es tanto para aquellas que

La madre se ha vuelto una especie de mito.

desean tener un hijo, como para las que no lo desean y las que, aun deseándolo, no pueden dar a luz. La maternidad, por lo tanto, puede subordinar a la mujer de distintas formas en la sociedad.

Por otra parte, es innegable que la madre desempeña un papel fundamental en el desarrollo de sus hijos. Por esto es tan importante que la decisión de embarazarse sea ejercida con la mayor conciencia posible. Pues así se les podrá aportar a los nuevos seres humanos que vienen al mundo todo el amor y cuidados que los harán convertirse en adultos mentalmente sanos y felices.

El vínculo de una mujer con sus hijos es para siempre y se da desde antes del nacimiento, cuando ese pequeño ser se encuentra en su vientre desarrollándose. Es decir, nuestra madre representa el primer contacto que tenemos con un mundo desconocido e incierto. Además, nuestros primeros pensamientos se forman en torno a ella. Son las llamadas huellas mnémicas, formadas por sucesos que se van inscribiendo en nuestra memoria.

Hay que aclarar que ser mujer no es sinónimo de ser madre.

Por eso nuestra labor como progenitoras es cuidar

lo que depositamos en la mente de los pequeños. Puesto que a través de nuestras palabras, conductas, cuidados y actitudes nos reflejamos a nosotras mismas. Dotar de amor a nuestros hijos será el escudo con el que caminarán en su paso por las distintas etapas de la vida.

SER MUJER NO ES SINÓNIMO DE SER MADRE

El cuerpo femenino tiene el privilegio de dar vida en su interior, por eso es uno de los roles más profundamente arraigados a nuestro género. De tal forma que muchos llegan a creer que todas las mujeres deseamos ser mamás. Pero lo anterior se basa en los roles tradicionales que la sociedad nos asigna, donde la maternidad y el matrimonio parecen ser aspiraciones particularmente femeninas.

Pero el hecho de que una mujer biológicamente pueda tener hijos no lo hace una obligación. Por lo que, muchas veces, se hace necesario aclarar que ser mujer no es sinónimo de ser madre.

A través de juguetes, juegos y diferente dinámicas, a las niñas desde pequeñas se les trasmite de una forma sutil e inconsciente que se convertirán en mamás algún día y que cuidarán de sus hijos. Como cuando se les enseña a cuidar a sus muñecos, cambiarles el pañal, darles el biberón y alimentarlos. El tema es que muchas pequeñas disfrutan de estos juegos solo porque se pueden sentir identificadas con las actividades que realiza su propia madre. Sin embargo, el rol que desde ese momento se les asigna de cuidadoras de los hijos puede ser una limitante.

Cada temporada de regalos, los aparadores de las jugueterías del área de niñas se encuentran repletos de muñecos que imitan las funciones de un bebé: hablan, comen, lloran, dicen mamá y caminan, y los papás esperan que las pequeñas se emocionen con todos esos comportamientos. Pero esto simula una especie de entrenamiento para cuando llegue el momento de la maternidad y, en ocasiones, hasta se puede observar a las "pequeñas madres" reprochar a sus muñecos/hijos, tal como lo han aprendido de sus mayores.

Afortunadamente, nos encontramos viviendo en una época donde cada vez se quiebran más convencionalismos, tabús y mitos. Sobre todo los concernientes al género y sus roles. Y uno de los movimientos que se han presentado en las últimas décadas es el formado por la generación *NoMo,* que toma su nombre de la abreviación en inglés *Not Mothers,* cuya traducción es "No madres". Y se refiere a mujeres que, apelando a diversas razones, no desean tener hijos.

En los últimos años, un porcentaje importante de mujeres, sobre todo en Occidente, no desean ser mamás. Lo que representa un gran cambio social, cultural y psicológico. Aunque no es sencillo tomar esta decisión, porque la sociedad suele cuestionar que una mujer no desee o incluso no pueda tener hijos, las mujeres *NoMo* a menudo son señaladas y presionadas socialmente. Y hasta se las ha llegado a considerar egoístas, antinaturales o menos valiosas como mujeres.

Algunas de las razones que suelen expresar aquellas que deciden no tener hijos son las siguientes.

- No quieren renunciar a su felicidad
  Hay quienes están muy cómodas con sus vidas y actividades y no desean modificarlas para cuidar de un hijo, pues su felicidad está enfocada en muchas otras cosas.

  Afortunadamente, cada vez se quiebran más convencionalismos, tabús y mitos.

- Demostrar a la sociedad que no todas las mujeres tienen instinto maternal

  Justo es uno de los mitos que se han roto, pues no todas sienten esa denominada intuición que las llama a convertirse en madres.

- Desean crecer profesionalmente y no quieren renunciar a ello

  Aunque algunas mujeres trabajan y son mamás, muchas otras consideran que para alcanzar sus metas profesionales no pueden detenerse y embarazarse, ya que eso requiere alejarse al menos por un tiempo de sus actividades laborales.

- Para cuidar el planeta y no contribuir a la sobrepoblación

  Este punto incluso lo discuten con sus parejas, pues las distintas situaciones adversas del mundo no creen que lo hagan un lugar propicio para traer a un bebé.

- Mejor estabilidad económica

  Todos sabemos que tener hijos representa una inversión, desde cubrir sus necesidades básicas, proporcionarles educación y otros gastos diversos. Desde

No todas sienten la intuición de ser madres.

esa visión, tanto hombres como mujeres prefieren no tener descendencia.

Pero lo más importante de todo esto es que los motivos por los que cualquier mujer no aspira a tener hijos son tan válidos como los de quienes deciden hacerlo. Su decisión debe ser respetable e incuestionable, pues cada mujer tiene el poder de elegir sobre sí y su forma de alcanzar la autorrealización.

TIPOS DE MADRE

Si hay mujeres que no desean convertirse en progenitoras, no existe entonces un modelo generalizado de ser mamá. Por lo tanto, cada tipo de maternaje estará dado por la propia experiencia de crianza de la mujer, es decir, por todo lo que aprendió de su madre y que, consciente o inconscientemente, intentará reproducir con sus hijos.

El maternaje es un concepto que ha sido utilizado con mayor frecuencia en los últimos tiempos. Se refiere a los procesos, tanto psicológicos como afectivos o emocionales, que se encuentran presentes en las mujeres que ejercen la maternidad. Aunque también influyen los aspectos propios de cada cultura respecto al rol que se les asigna a las mujeres.

A continuación te dejo un listado con algunas de las formas en que se ejerce el cuidado y la crianza de los niños, así como los desafíos que se tienen por delante. Mi intención aquí no es encasillar a ninguna madre en un tipo específico de maternidad ni tampoco juzgar la forma en la que lo ejercen, ya que, espero haya quedado claro, todas somos distintas.

- Madre abnegada

  Es un tipo tradicional de madre. Sus deseos son dejados hasta el final o ignorados totalmente y su finalidad es servir a todo el mundo. El sufrimiento y el sacrificio son formas de ser reconocida debido a su capacidad de aguante. Tiende a la manipulación y chantaje emocional al situarse en una posición de víctima. Cuando crecen sus hijos y se vuelven independientes puede llegar a sentirse perdida y creer que su vida carece de sentido.

  Desafíos: para este tipo de mujer es importante que pueda verse como un individuo con deseos y necesidades propios, deje de lado el sufrimiento como algo inherente a su ser y busque alguna otra actividad que no involucre al hogar o los hijos.

- Madre controladora

Este tipo de madre desea tener el control total sobre los hijos. Decide qué deben hacer, qué les gusta o qué ropa es la adecuada. Es de esas personas que tienen una solución para todo y, la mayoría de las veces, deciden por los demás, ya que la sobreprotección es la forma en que demuestran su amor.

El conflicto se presenta cuando a los hijos, conforme van creciendo, se les complica tomar sus propias decisiones.

Desafíos: si te das cuenta de que te encuentras en este tipo puedes empezar a ceder el control delegando responsabilidades, además de respetar la privacidad de tus hijos y apostar más a la comunicación en lugar de la imposición.

- Madre perfeccionista

Por lo general se nos inculca la idea de que tenemos que ser perfectas en todo y la mamá

Los aspectos propios de cada cultura influyen en el rol de las mujeres.

perfeccionista también reclama a los hijos que sean excelentes. Incluso, en ocasiones, hasta se condiciona el amor si no obtienen los resultados que ella busca en sus pequeños.

Quizá resalte más los errores que los aciertos en los otros, pero, lo que es seguro, es que es muy exigente y estricta. Nada es suficiente.

Desafíos: aceptar a los hijos tal cual son, con sus defectos y virtudes, y estimularlos a mejorar sin caer en los excesos, reconociéndoles sus habilidades y siendo más flexibles como mamá.

- **Madre amiga**

Hablar de este tipo de madre suele ser un tanto controversial, ya que muchas personas pueden creer que ser amigos de los hijos es algo positivo. Sin embargo, aunque tengas una relación muy cercana con tus niños, es necesario conservar la autoridad como mamá e individuo capaz de protegerlos y guiarlos.

> Es necesario conservar la autoridad como mamá capaz de proteger y cuidar.

La madre amiga busca llevarse bien con los compañeros de sus hijos, habla como ellos e intenta ser una más del grupo, imitando sus costumbres e incluso queriendo irse de fiesta con ellos.

Desafíos: tener una buena relación que cultive el respeto por sus espacios y las diferencias, para que además se puedan expresar con libertad. Hay que ser conscientes de que se pertenece a generaciones distintas y que no es necesario imitar.

- Madre narcisista

Es un tipo particular de madre que se encuentra en constante competencia, sobre todo con las hijas. Se obsesiona con la apariencia juvenil y con tener un cuerpo perfecto, por lo que suele manifestar envidia por la juventud de sus retoños.

Pero cuando percibe que no es adecuado lo que siente, experimenta un fuerte sentimiento de culpa, negando sus pensamientos al respecto.

Desafíos: aceptar el paso del tiempo con dignidad y sin basarse en la apariencia, sino en la esencia, es decir, en lo que somos y hemos aprendido con el paso de los años, además de dejar de ver a las hijas como rivales, pues necesitan del cuidado y protección de la madre.

- Madre digital

Es una mujer activa que maneja con precisión aplicaciones y redes sociales. Es conocida como *multitasking*, ya que puede realizar distintas actividades a la vez. No le agrada hacer las labores domésticas ni cocinar y usa la tecnología para ayudarse lo más posible.

A veces se encuentra sobreinformada y, al estar en tantas actividades digitales, puede ser distante con los demás.

Desafíos: no desconectarse de sus seres queridos, particularmente de sus hijos, ya que nada sustituye el contacto humano.

- Madre soltera

Es un tipo de madre muy especial, pues rompe los paradigmas de una familia tradicional conformada por un papá y una mamá que viven juntos y asumen sus roles. Hay dos ejemplos de madre soltera: quien de manera consciente y voluntaria decide embarazarse y criar sola a su bebé y quien termina así solo porque el padre no fue lo suficientemente responsable.

En cualquier opción existen dificultades, ya que, por si fuera poco, también se expone a la crítica mordaz de quienes consideran que las mujeres que no tienen un marido valen menos. Además, puede tener complicaciones económicas, pues ella es la única responsable del sustento de su familia.

Pese a lo complicado de la situación, suelen ser mujeres que luchan por tener mejores condiciones de vida para ellas y sus niños.

Desafíos: trabajar fuertemente en su autoestima, de tal manera que valore sus capacidades y no se preocupe por el qué dirán. Así podrá transmitir ese sentimiento de amor propio a sus hijos.

Podría seguir clasificando los diferentes tipos de madres indefinidamente, ya que todas tenemos una forma distinta de educar y creemos que la nuestra es la correcta. Lo importante que me gustaría que te quedaras es que cada tipo conlleva desafíos y oportunidades de mejora.

Mostrar diversas formas en las que se puede ejercer la maternidad es dejar en claro que no existe un solo

Somos diversos y eso nos hace especiales a todos.

modelo de ser mamá ni un solo modelo de familia. Somos diversos y eso nos hace especiales a todos.

EL DILEMA DE LA MUJER QUE TRABAJA

Ya es frecuente que las mujeres trabajemos fuera del hogar realizando actividades diversas: somos comerciantes, ingenieras, enfermeras, obreras, escritoras, entre otras. Sin embargo, combinar la maternidad con lo profesional sigue siendo un reto para nosotras, tal como le pasó a Renata, la protagonista de la historia que compartí en este capítulo.

A pesar de que en muchos casos el trabajo contribuye a la economía familiar y permite el acceso a una mejor calidad de vida para las familias, se sigue considerando que si una mujer trabaja descuidará a los hijos y será tachada de egoísta y mala madre.

A lo largo de los años, la inclusión de nuestro género en la vida profesional, fuera del espacio privado, ha sido un proceso complicado.

Una mujer que se desarrolla profesionalmente no es una mala madre.

De entrada, porque se tenía la creencia errónea de

que había oficios o carreras exclusivas de hombres, como los negocios, la ingeniería, la seguridad pública o la aviación.

Otro de los dilemas a los que se enfrenta la madre que labora es que al luchar por sobresalir en su trabajo y permanecer mucho tiempo fuera de casa, aparecen los sentimientos de culpa, angustia y frustración por no ser la madre tradicional que sacrifica todo por los otros. Porque para ejercer su vocación, también necesita buscar quién cuide de sus hijos, desde abuelas y niñeras hasta amistades y guarderías, lo que las enfrenta a tener que lograr un equilibrio entre la parte laboral, la familiar y la social.

En la actualidad, los modelos de crianza se han ido modificando, promoviendo que los varones se involucren más. Por eso es necesario que se generen leyes laborales que apoyen a ambos progenitores. Así habrá mayor equidad y ambos disfrutarán de su función como padres, aunado al crecimiento profesional.

Recordemos el caso de Renata, quien a pesar de ser una buena mamá, amar a su hija y cubrir todas sus necesidades, era juzgada por su pareja cuando trabajaba horas extras o salía de viaje por motivos laborales. Hay que derribar posturas e ideas para que se logre entender que una mujer que se desarrolla profesionalmente no es una mala madre por no pasar más tiempo con sus hijos.

Cada mujer encontrará la manera de equilibrar la maternidad, el trabajo y lo social. Pero para que esto suceda se necesita del compromiso de los hombres con sus parejas sin temor al cambio de roles. También se requiere implementar políticas públicas y dentro de las empresas que contribuyan al desarrollo integral del individuo.

Cuando una persona se siente realizada profesionalmente y hace lo que le apasiona, se muestra feliz ante los otros. Y, a través de su ejemplo, una madre trabajadora estimula a sus hijos para que luchen por sus sueños, ya que ella está luchando por los suyos.

CONSTRUYENDO
TU PODER

Es tiempo de hacer una pequeña reflexión sobre lo abordado en este capítulo.

1. Te invito a que recuerdes: ¿cómo ha sido tu relación con tu mamá? Tal vez tengas la fortuna de poseer una excelente relación o quizá es complicada. Sin embargo, hay algo que no se puede negar: te dio la vida. Y hoy tienes la oportunidad de buscar tu camino y tomar tus propias decisiones.

   Así que me gustaría que escribieras una pequeña carta donde puedas plasmar lo bueno que esta mujer te ha dado. Si te es difícil, entonces puedes escribir todo aquello que quisieras perdonarle.

   Si quieres, puedes enviarle tu escrito o, si desafortunadamente ya no está con vida, puedes leerlo para ella en voz alta.

2. Ahora respóndete las siguientes preguntas: ¿deseas o deseaste conscientemente tener hijos? ¿Consideras que las mujeres que no quieren o no pueden tener descendencia valen menos? ¿Te has sentido rara por no sentir el famoso instinto materno? Reflexiona sobre tus respuestas.

3. Si eres una mamá que trabaja, trata de realizar un plan de acción que te permita tener equilibrio entre tus hijos, tu profesión y lo social. Establece un tiempo determinado para realizar cada actividad y busca redes de apoyo. La maternidad no está peleada con el crecimiento profesional.

Ser madre es una experiencia hermosa y llena de satisfacciones, pero no es la única función de la mujer.

" UNA MADRE
TRABAJADORA ESTIMULA
A SUS HIJOS PARA
QUE LUCHEN POR SUS
SUEÑOS. "

CAPÍTULO 8

DERRIBANDO MITOS: MUJERES PODEROSAS

"No te limites a ti mismo. Muchas personas se limitan a lo que piensan que pueden hacer. Puedes ir tan lejos como tu mente te permita. Puedes conseguir lo que creas, recuérdalo".

Mary Kay Ash

HISTORIAS
DEL DIVÁN

Ahora quiero contarte una de las experiencias más satisfactorias que he tenido ejerciendo psicología del deporte. Sucedió con un grupo de jovencitas que practicaban gimnasia rítmica. Tanto sus mamás como la entrenadora consideraban que, a pesar de ser muy talentosas, no estaban logrando los resultados esperados. Además, tenían problemas para trabajar en equipo. Así que afinamos detalles y todo quedó listo para conocer a las cinco integrantes del conjunto juvenil.

Organicé un taller para comenzar con el trabajo psicológico y fueron llegando una a una al consultorio. Tenían entre 13 y 14 años y todas eran de figura esbelta y atlética. Sus personalidades, sin embargo, eran totalmente diferentes. Miraban de frente y a los ojos, pero a pesar de verse tan decididas y seguras, poseían toda la inocencia y dulzura de adolescentes que están en pleno desarrollo.

En lo que las fui conociendo, cada vez me sentí más sorprendida del talento de las jóvenes. Sobre todo porque confiaron en mí para potenciarlo y era una gran responsabilidad. Todas habían comenzado su práctica en la gimnasia a los cinco años aproximadamente y, siendo tan niñas, ya dominaban su cuerpo y ahora trabajaban para dominar también su mente.

Comenzamos con las dinámicas que les preparé. Con gran entusiasmo y disciplina empezaron a ejecutarlas. Unas actividades implicaban ejercicios referentes al manejo de las emociones, mientras que otras estaban relacionadas con mantener la atención a pesar de ciertos distractores.

El objetivo deportivo para las chicas era conseguir el pase a la Olimpiada Nacional de ese año. Pero la situación no era nada fácil, ya que el equipo tenía muchos errores de concentración, discuciones entre ellas y no sabía manejar el nivel de estrés tan elevado. Además, los entrenamientos eran extenuantes, cuatro horas cada día de lunes a domingo, y sus vidas estaban divididas entre la escuela y la gimnasia.

El periodo competitivo comenzó, pero los resultados no fueron los esperados. La frustración del equipo iba en aumento y la presión por parte de su entrenadora también. Llegaron a la última competencia eliminatoria donde se definirían los siete equipos que pasarían a la Olimpiada. El rendimiento de las chicas fue titubeante, pero quedaron en séptimo lugar y obtuvieron su pase.

Solo que dos semanas antes de la gran cita, una de las chicas sufrió un esguince en el tobillo durante el entrenamiento. No había suplentes a esas alturas y era probable que se tomara la decisión de cancelar la participación del equipo. Para realizar la rutina, forzosamente se requería de todas, pero a la lesionada le recomendaron reposo, así que durante diez días no pudieron entrenar juntas.

Después de ese periodo, comenzó a practicar con un vendaje especial, pero aún sentía dolor. Y al final se tomó la decisión de participar en la Olimpiada, a pesar de las circunstancias.

Viajé con ellas al estado de Chihuahua. Ahora el equipo representaba a la Ciudad de México y las chicas solo tenían un día para practicar. En esa misma sesión, también entrenamos mentalmente, realizando algunos ejercicios de visualización y relajación. Serían dos días de competencia.

El momento de la primera participación llegó. Y, como ya era habitual, antes hicimos nuestra dinámica de entrenamiento mental. Tocó su turno en la competencia por equipos, pero cometieron muchos errores y ese día quedaron en el último lugar. Sus familias las veían desde el público con caras desencajadas. Las chicas lloraban y a mí se me salía el corazón del pecho al verlas así.

Pero se tenía la oportunidad de luchar por una medalla al día siguiente en la competencia por aparatos. Las chicas pasaron una noche dolorosa y frustrante. Sin embargo, volvieron a hacer gala de su fortaleza física y, para ese entonces, mental también. Nos reunimos, como siempre, para nuestra dinámica. Estábamos tomadas de las manos y les hice visualizar una rutina perfecta para que se imaginaran ganando.

Se formaron en hilera. Estaban listas para empezar a ejecutar su rutina de clavas. El sonido de salida retumbó en el gimnasio. Mi mente estaba absolutamente centrada en ellas. Desde el primer segundo, sus movimientos fueron precisos. Cada maestría era ejecutada de manera pulcra y con gracia. Tenían el control total de sí mismas, sus movimientos y emociones.

Pasaron los tres minutos más largos de toda mi vida. Eso duraba la ejecución que cerraron realizando perfectamente el último movimiento. Su calificación fue alta. Todas vibraban de emoción y alegría. Incluso sus familiares no daban crédito de una participación tan espléndida.

Contra todo pronóstico, el equipo obtuvo el tercer lugar de la Olimpiada Nacional, pero a todas nos supo a oro. Esta es la historia de a quienes yo llamo mis Mujeres Maravilla.

EL MITO DE SER MUJER

En este recorrido he abordado varios mitos en torno a nosotras: que desde niñas nos visten de color rosa, que no debemos ser rudas sino delicadas, que el ballet es mejor opción que el fútbol, que somos ese objeto del deseo de los demás y que todas aspiramos a ser madres. Incluyendo también todos los roles que como mujeres pudimos haber asumido, pues forman parte de nuestro género: desde ser obedientes, calladas, serviles, entre otros.

No podemos negar que para nosotras el camino ha sido complicado. Nos hemos enfrentado a mitos diversos a lo largo de la historia. Sin embargo, tenemos la gran ventaja de aprender del pasado, de los errores y de los momentos de crisis.

El origen de cualquier mito comienza en una idea que, verdadera o no, se instaura en nuestro pensamiento para darle explicación a ciertos aspectos de nuestra vida. Y así, sin cuestionarlos, empezamos a creer en esos conceptos y actuamos en consecuencia. El problema aparece cuando no nos damos la oportunidad de revisarlo a profundidad ni de dudar ni de saber si eso es lo que deseamos para nosotras.

Los mitos no son exclusivos de las mujeres. Todos los han padecido en mayor o menor grado, ya que construyen realidades e identidades. Por eso son peligrosos, porque podemos creer que es normal lo que se espera de nosotros como mujeres u hombres, según sea el caso. Y la mayoría de las veces son transmitidos de una generación a otra.

Eliminar una creencia o un mito puede llevar tiempo, pues es una especie de lucha en contra de la forma en la cual fuimos educados, lo que trae consigo confusión al momento de actuar distinto.

Creer que, como mujer, tienes que dejar que el hombre tome la iniciativa en cuanto a una declaración amorosa es un ejemplo y, si te atreves a actuar distinto, puedes sentirte incómoda por romper con esa idea que se te inculcó. Más adelante explicaré cómo nos podemos liberar de estos mitos o creencias, sobre todo porque pueden tomar la forma de una atadura en nuestra vida.

La siguiente tabla engloba de manera general los distintos mitos que he mencionado en cuanto a las mujeres y lo femenino a lo largo del libro.

> Eliminar una creencia o un mito puede llevar tiempo.

MITOS DE GÉNERO	MITOS LABORALES	MITOS DE ROLES	MITOS DEL CUERPO
Son los que tienen que ver con ser mujer. Es decir que, por ese simple hecho, se nos encasilla en ciertas esferas. Por ejemplo, se nos asocia con el sexo débil o con una supuesta fragilidad física, como si nuestro destino estuviera marcado por nuestra anatomía.	Se relacionan con el liderazgo y la falta de oportunidades para asumir cargos de mayor jerarquía. También tienen que ver con enfrentarnos a una falta de equidad en cuanto a salarios. Por ejemplo, cuando una mujer desempeña el mismo trabajo que un varón y a ella le pagan menos.	Aquí entran todas las ocupaciones que se consideran específicas de las mujeres: cuidar a los hijos, hacer la limpieza del hogar y realizar actividades de la vida privada. Incitando a las chicas a la pasividad y a la espera.	Las niñas y mujeres no deben realizar deportes bruscos. Las hormonas no nos hacen pensar adecuadamente. Someter nuestro cuerpo al estereotipo de belleza en cuestión. Ser objeto del deseo del otro.

Tener clara esta clasificación contribuye a que observemos cuáles son nuestras áreas de oportunidad como mujeres para así poder liberarnos de esas cargas que se nos han ido

Actualmente nos encontramos en la construcción de un nuevo "ser mujer".

imponiendo. Pero también de las que hemos asumido por voluntad propia, ya que las considerábamos normales.

El concepto de ser mujer ha pasado por distintas ideas y mitos cargados de una parte de verdad y otra de mentira. No somos las mismas mujeres del pasado que estaban confinadas a no tener voz, a no tener los mismos derechos que los otros, a no estudiar ni trabajar fuera del hogar.

Actualmente nos encontramos en la construcción de un nuevo "ser mujer" que comprenda a la igualdad, el liderazgo, la fuerza y, por ende, el poder. Solo que aún nos falta camino que recorrer y mitos que derribar para que todas nos reconozcamos como mujeres poderosas.

ROMPIENDO LAS ATADURAS

¿Alguna vez has sentido un enorme deseo de hacer algo, pero las cosas no te salen bien, como si de pronto quisieras dar un salto muy grande y algo te sujetara al piso? En esos momentos llegas a pensar que de verdad no podrás, cuando tal vez lo que necesitas es tan solo romper con un obstáculo.

Todos en algún momento nos enfrentamos a ciertas situaciones o pensamientos que nos impiden avanzar. Pues cada uno trae consigo sus propias ataduras producto de sus experiencias de vida, educación, usos y costumbres. Algunas de ellas están relacionadas con el mundo de las ideas, es decir, con aquellos pensamientos que nos estancan y que nos fueron legados o que fuimos adquiriendo en el camino.

En este punto me gustaría invitarte a pensar en la idea que más te limita. Piensa en esa que cuando quieres avanzar de inmediato te viene a la mente y se convierte en tu atadura. Una vez que la identifiques, reflexiona en torno a todas las cosas que podrías hacer si no tuvieras esa idea.

Mis Mujeres Maravilla del principio de este capítulo, por ejemplo, rompieron con el pensamiento de que no podían ganar una medalla porque las cosas se veían y eran complejas. Pero cuando eliminaron esa idea, lo imposible se volvió posible.

En gran medida somos lo que pensamos, de ahí que para vencer los preceptos que nos restan fuerza y debilitan se haga indispensable elegir mejor lo que permitimos que se aloje en nuestra mente. Ese es un gran acto de poder: elegir. No importa que las cosas no salgan a la primera o que te cueste en un inicio dejar de tener las mismas ideas. De los errores se aprenden las mejores lecciones. Elige todas las veces que sea necesario, ya que al hacerlo te comenzarás a adueñar de tus deseos, de tu cuerpo y de tu vida.

He conocido muchas personas que constantemente piden a otros que tomen decisiones por ellas. Incluso una pregunta frecuente de algunos de mis pacientes es: "Adriana, ¿dime qué hago?", esperando que yo tome una decisión que les corresponde a ellos. Pero, sin darse cuenta, esa también es una forma de desvalorización, pues dudan de su capacidad para poder tomar las riendas de sus actos.

Por eso, para romper con esas ataduras se requiere de valentía, ya que en algunas ocasiones no cambiamos por miedo. Ser valientes es atreverse a lo distinto, a equivocarse y a volver a intentarlo. Es asumirte imperfecto y, por lo tanto, perfectible.

El miedo, aunque si bien nos ayuda a detectar el peligro y alertarnos de algún problema, en otras ocasiones puede engañar a nuestra mente y paralizarnos, a tal

Ese es un gran acto de poder: elegir. Elige todas las veces que sea necesario.

grado que preferimos no actuar. Así que tenemos dos opciones: la pasividad o la actividad. Como sea, se encuentra de por medio una decisión.

Para eliminar una atadura es preciso que conozcamos nuestros miedos. No hay otra manera de vencerlos. Un aspecto curioso es que muchos de ellos se encuentran más en nuestras fantasías que en la realidad. Esto es debido a que el cerebro puede sentir algo que no es real como si lo fuera y vivirlo con toda la intensidad, como si ciertamente estuviera pasando en ese momento. Pero para que quede más claro, me gustaría que realices la siguiente visualización.

Piensa en un limón: su textura, su tamaño, su forma, no omitas ningún detalle. Ahora imagina que lo partes a la mitad y que pones cada mitad en una de tus manos. Obsérvalas detenidamente. Es un limón jugoso y grande. Puedes ver cada uno de sus gajos y percibes su aroma.

Comienza a apretar una mitad y ve como el jugo se concentra en el centro. Sigue el recorrido del líquido con tu mirada y, antes de que se derrame, absórbelo con tu boca y termina de exprimir el resto del jugo.

> Para eliminar una atadura conoce tus miedos.

Ahora te pregunto: ¿pudiste sentir lo ácido del limón en tu boca, tanto que salivaste? ¿Pensaste en que tenías un limón de verdad en tus manos? Si tus respuestas fueron afirmativas, entonces podríamos confirmar la gran influencia de la mente en lo que pensamos y hacemos.

Conseguimos crearnos miedos que no existen realmente o sufrir anticipadamente por eventos que aún no suceden y que no pasarán. Por ejemplo, al viajar en avión de pronto se pueden presentar algunas turbulencias y hay quienes ya se están imaginando un desastre aéreo, pensando que el avión va a caer, cuando todo en realidad está bajo control. Tómate un momento y piensa en algún evento tuyo donde la mente te haya jugado malas pasadas, haciéndote sufrir por cosas que no eran reales.

Para seguir en el proceso de derrotar los obstáculos que nos impiden alcanzar la mejor versión de cada uno, necesitamos entrenar nuestra mente. La idea es fortalecerla para hacer frente a lo que tememos, imaginamos o pensamos.

Si logramos tener un psiquismo fortalecido será mucho más sencillo alcanzar nuestras metas. Pues al igual que con el ejercicio físico los músculos de nuestro cuerpo se desarrollan y robustecen, una mente entrenada nos ayudará a ser más asertivos y capaces.

ENTRENANDO LA MENTE

La historia de las jóvenes gimnastas fue una muestra de entrenamiento mental. Y no sucedió de un día para otro. De hecho, al inicio hubo muchas fallas y, poco a poco, fueron dejando de lado los miedos, las inseguridades, las ideas negativas y las ataduras que no les permitían ganar.

Al entrenar nuestra mente nos enfrentaremos a las debilidades que tenemos en ella, lo que genera incomodidad, frustración o sentimientos displacenteros. Es una forma de ver de cerca aquello que intentamos reprimir, es decir, las cosas de las que constantemente huimos. Y, para ello, se requiere de tres elementos: disposición, constancia y paciencia.

La disposición es un estado anímico positivo para hacer las cosas, la constancia es nuestra voluntad para no desertar hasta conseguir el objetivo y la paciencia es la tolerancia de lo que nos es displacentero, como resistir las adversidades y dificultades de la vida.

Quizá hubo quien pasó por experiencias infantiles llenas de abusos, injusticias o maltratos, o bien, alguien se enfrentó a la dolorosa separación de sus padres, tuvo carencias económicas y pasó hambre. Pero ante estas u otras situaciones desfavorables vamos desarrollando mecanismos que nos ayudan a soportar la adversidad.

Estar dispuestos a entrenar nuestra mente es atrevernos a mirar a la cara a nuestros errores y complejos para que, a pesar de lo ininteligible e incluso doloroso que resulte el camino, tengamos la convicción de que valdrá la pena.

Todo en la vida lleva un proceso, algunos son más cortos, otros más largos, pero no se deben saltar los pasos, ya que no tendríamos el resultado ideal. Es como cuando se hace un pastel. Primero hay que tener los ingredientes, mezclarlos en las medidas exactas, vaciar esa mezcla en un molde que, de igual forma, requiere estar previamente engrasado y luego hornear por un tiempo determinado.

Para aprender a hornear pasteles necesitas practicar mucho hasta dominar

> Entrenar nuestra mente es atrevernos a mirar a la cara a nuestros errores.

el proceso. Pero si a la primera vez que fallas dejas de intentarlo y te desilusionas creyendo que eres la peor o el peor de todos los pasteleros del mundo, tu proceso habrá concluido sin éxito

Lo mismo sucede cuando intentas hornear nuevas ideas en tu cabeza. Si por uno o dos intentos que no te salen las cosas desistes, entonces no podrás obtener tu mejor idea. Así que la clave es ser constante y practicar todo lo que sea necesario hasta que tengas el pensamiento que potencialice tu talento.

Para ello tendrás que tolerar la frustración que provoca fallar. Es decir, hacer uso de la paciencia como una de tus virtudes. Ser paciente es esperar el momento correcto sin quemar toda tu pólvora de un jalón. Diría mi abuela: "No gastes tu pólvora en infiernitos".

Aprende a elegir tus batallas, en cuáles vas a invertir energías y en cuáles no. ¿Te das cuenta de que siempre hay que tomar decisiones?

> La clave es ser constante y practicar todo lo que sea necesario.

La paciencia ayuda a la tolerancia y, por ende, a no tomar decisiones impulsivas, sino decisiones conscientes. Y sucede que muchos podemos querer solucionar rápidamente algo que nos angustia para quitarnos de encima la sensación displacentera, dejándonos llevar por mera reacción, pero luego nos arrepentimos de ello. Es como cuando estás a dieta, pero de pronto vas a una fiesta y decides comer todo lo que hay porque te ganó el impulso. Pero más tarde te das cuenta de que en realidad no valía la pena, ya que te alejaste de tu objetivo. Lo bueno es que no tenemos que vivir solos este proceso y podemos pedir ayuda si queremos. Hacerlo es comenzar a tener el control de ti mismo, es símbolo de fortaleza y no de debilidad, ya que te diste cuenta de que algo no está funcionando y escogiste trabajar en ello. De ahí la importancia de acercarnos a especialistas como psicoanalistas, psicólogos, médicos o psiquiatras, ya que harán el proceso algo más sencillo.

En mi caso como psicoanalista, mediante un trabajo en conjunto con mis pacientes, a través de la terapia poco a poco me van reflejando sus miedos profundos y eventos dolorosos que han sido reprimidos. También me manifiestan aspectos que están en lo más profundo de su mente, convirtiéndome en una especie de espejo para ellos, sobre todo de aquellas cosas que les son desconocidas, pero que les pertenecen. Mediante la terapia se logra hacer consciente lo inconsciente.

Pero ¿de qué serviría esto? Tendrías la gran oportunidad de conocerte más a fondo y de forma completa con lo que ves y lo que no ves de ti. Y eso, querido lector, te da poder. Conocerse es comenzar el camino del empoderamiento, ya que sabrás elegir, fortalecerás los puntos frágiles de tu mente y te encontrarás con lo mejor de ti, sin avergonzarte de tus fallas. De ahí que estar dispuesto a experimentar lo nuevo e incluso lo desconocido se haga necesario en el entrenamiento mental.

Para terminar, me gustaría dejarte el siguiente listado, porque convertirte en una mujer poderosa implica considerar y aplicar las siguientes primicias:

- Asumir que eres la dueña absoluta de tus decisiones, cualquiera que estas sean, ya que al final son tuyas y te corresponden.
- Reconocer tus talentos y sentirte capaz de alcanzar tus sueños aunque el camino sea cuesta arriba.

- No temer equivocarse, puesto que los errores representan una oportunidad de aprendizaje.
- Amar tu cuerpo y saber que te pertenece, de esa forma podrás establecer cómo vestirlo, darle placer, ejercitarlo y cuidar de él.
- Elegir la profesión que prefieras siendo firme en tus ideas y clara en tus objetivos.
- Ejercer el derecho a ser madre o no, comprendiendo que la maternidad no te hace más ni menos valiosa, ni más ni menos mujer.
- Dejar de buscar la perfección, valora más la esencia y sé auténtica.
- Saber que naciste para ser libre, que no estás hecha para los otros, que tus deseos te pertenecen y que es maravilloso ser mujer.

Cuando te adueñas de cuerpo, de tu mente y tus deseos te pertenecen, te vuelves poderosa. ¡Así que arriésgate, te aseguro que valdrá la pena!

Naciste para ser libre, no para los otros.

CONSTRUYENDO
TU PODER

Busca una hoja en blanco, una libreta o un objeto que uses a menudo. Ahora escribe una frase corta que se encuentre relacionada con algún tipo de poder que hayas descubierto en ti gracias a tu lectura del libro. Ahora bien, si en este momento aún te cuesta ver tu poder como mujer, no desesperes y sigue buscando. Utiliza todas las herramientas que hasta ahora te he dado. Cuando al fin lo descubras, regresa y escribe tu frase.

Soy una mujer poderosa porque_____

_____

_____.

> **CUANDO TE ADUEÑAS DE CUERPO, DE TU MENTE Y TUS DESEOS TE PERTENECEN, TE VUELVES PODEROSA.**

EPÍLOGO

Este viaje ha llegado a su fin, sin embargo, aquí nace tu nuevo comienzo. Uno en el que abrigas la posibilidad de mirarte desde otros ángulos.

Tal vez tuviste momentos de confusión, dolor o emociones diversas a lo largo de tu lectura, pero es parte de tu proceso de evolución. Convertirte en una mujer poderosa lleva tiempo y requiere de práctica. Pero estoy segura de que con los recursos y herramientas que te fui entregando en los distintos capítulos, gozarás de mayor confianza y determinación al momento de tomar tus decisiones.

Recuerda que la perseverancia es uno de los pilares que conforman el éxito. Ser constante te ayudará a crear nuevos hábitos para alcanzar los objetivos deseados. Pero ten presente que no siempre resulta sencillo el camino. A veces flaqueamos y cometemos errores. Solo no te olvides de que esos momentos también representan una oportunidad de fortalecimiento.

Así que si en algún instante sientes que tus comportamientos no te llevan adonde quieres ir, modifícalos e intenta de nuevo. Busca en tu interior y deja de lado el temor a equivocarte, ya que errar es de humanos. Tómate tu tiempo y no corras. Que tus pasos sean firmes y tus ideas claras.

Advierte tus cambios, por pequeños que sean, y no desperdicies la oportunidad de generar acciones que estimulen tu amor propio. Eres una persona valiosa y única. Visualízalo y créelo. Mantente construyendo tu mejor versión, reconociendo y poniendo en práctica tus talentos.

Siéntete en compañía de todas las mujeres que están citadas en el libro y toma en cuenta sus experiencias y conocimientos. Lleva en tu mente a todas aquellas féminas importantes que son parte de tu vida y que te han compartido un poco de su poder y esencia.

En la medida en que te sientas más dueña de ti, más segura e impetuosa, tendrás la opción de inspirar a otras mujeres y ser parte de su cambio. Ayúdalas también a ellas a derribar mitos y liberarse de sus cautiverios. Intenta traspasarles las enseñanzas que hayas obtenido de tu lectura.

Ahora bien, si eres hombre espero de todo corazón que este libro te haya ayudado a rectificar algunos conceptos que considerabas normales hacia nosotras y que, de una u otra forma, los afectan a ustedes igualmente.

El objetivo de *Mujeres poderosas* también es crear conciencia para colaborar como humanidad y, en un futuro no muy lejano, olvidar la opresión y la dominación por cuestiones de género y comenzar a trabajar en equipo, sembrando la semilla de la igualdad y equidad en las nuevas y viejas generaciones.

No dudes en regresar a las páginas del libro las veces que sean necesarias, pues de ahora en adelante se convertirán en una guía en tu camino.

Mi idea es que cuando vuelvas a leer encuentres otros conocimientos, o bien, refuerces los que ya tenías. Volver a repasar las ideas, relatos y actividades es también una manera de hacerlos tuyos, ya que obtienen tu visión. Además, al repasar cualquier tema promueves un mayor conocimiento de las ideas y, por ende, amplificas tu fuente de poder personal.

Somos extraordinarios y capaces de vencernos a nosotros mismos, a nuestros límites, a nuestros prejuicios y a todo aquello que en algún momento nos dijeron que teníamos que cumplir para satisfacer a los demás.

Ahora solo me resta decir: "¡Empodérate y toma el control de tu vida!".

Quiero agradecer a los grandes
pilares de mi vida que hicieron de mí
una mujer poderosa: mi abuela Chuy,
mi madre, mi compañero de vida Alberto
y mi amada hija Alondra. Todos ellos
son el centro de mi corazón.

Gracias también a las mujeres que
me han acompañado en este recorrido:
mi hermana, mi sobrina Andrea y
aquellas a las que llamo amigas. Han
sido mi inspiración y mi fuerza.

OTROS LIBROS
DE ESTA COLECCIÓN

Detente, ¿cómo va tu vida?

Elige positivo

Hay que tener más huevos
que esperanza

Re-apasiónate

¡TU OPINIÓN ES IMPORTANTE!

Escríbenos un e-mail a
miopinion@vreditoras.com
con el título de este libro en el "Asunto".

Conócenos mejor en:

www.vreditoras.com
 **VREditorasMexico**
 **VREditoras**